普通高等教育"十三五"规划教材

工业设计专业规划教材

交通工具模型

——草模型创意技法及应用

刘 华 曾庆抒 著

电子工业出版社

Publishing House of Electronics Industry

北京·BEIJING

内 容 简 介

本书分为 3 章，第 1 章介绍交通工具形态创意及其载体的相关概念及应用，阐述草模型对于形态创意的重要价值与优势；第 2 章介绍创意构思草模型的不同类型，包括意象风格提示模型、造型语言探讨模型及造型特征设计模型等，分别对模型的制作价值与原则、制作选材、内容与方法等展开描述；第 3 章介绍创意表现草模型的不同类型，包括线材草模型、面材草模型及块材草模型等，分别对模型功能及特点、材料与工具、制作内容与过程、制作要求及技法展开描述。本书可作为高等院校工业设计、产品设计及汽车造型设计等交通工具设计相关专业或方向的教材、教学参考书。

图书在版编目（CIP）数据

交通工具模型：草模型创意技法及应用/刘华，曾庆抒著.—北京：电子工业出版社，2020.8
ISBN 978-7-121-39271-9

Ⅰ.①交… Ⅱ.①刘…②曾… Ⅲ.①交通工具－模型－工业设计 Ⅳ.①U

中国版本图书馆CIP数据核字（2020）第127845号

策划编辑：赵玉山
责任编辑：康　霞
印　　刷：北京缤索印刷有限公司
装　　订：北京缤索印刷有限公司
出版发行：电子工业出版社
　　　　　北京市海淀区万寿路173信箱　　邮编：100036
开　　本：787×1 092　1/16　印张：12.25　字数：313.6千字
版　　次：2020年8月第1版
印　　次：2020年8月第1次印刷
定　　价：69.00元

前　言

　　模型是交通工具设计常用的创意载体，其立体形态所具有的直观性、全面性和明确性，使之在创意构思、表现及评价等多个方面表现出独特优势。模型对形态的解析度、仿真度和准确度能达到较高水平，通过模型来验证形态更加合理、可行和高效，因而模型成为交通工具设计领域必不可少的形态创意载体。

　　模型应设计需求而生，设计需求是模型概念的定义依据，因此描述模型知识前，为使模型对象明确具体，应确定其应用满足何种设计需求，并明确其概念体现何种价值和意义。此外，交通工具的概念实质上涵盖所有交通工具，它们随时代发展不断演化与扩充，其概念定义将直接影响知识在其领域内的适用性和全面性。鉴于以上对模型及交通工具概念的思考，本书将模型对象界定在产品造型模型的概念范畴之内，确定其应用满足形态创意需求，且体现创意载体的核心价值与意义；还将交通工具概念定义为具有载人快速移动功能的实体人工形态，且这种形态通常具有动感的审美属性，这种概念的定义与解释明确了交通工具形态的基本功能和审美属性，使基于此概念的知识描述拥有了基本的立足点，描述内容不至于过于宽泛或抽象，因而能在较长时期内保持知识在交通工具领域的适用性和全面性。综上所述，本书的描述对象是为满足动感载人移动人工形态的创意需求而应用的模型，即交通工具形态创意模型，这类模型多为具概略性造型的草模型，其低投入高产出的特点能体现创意载体的核心应用价值。

　　本书介绍交通工具形态创意草模型的理论与应用知识，教学的根本目标是帮助读者系统掌握形态创意逻辑与方法，因此本书严格按照交通工具形态创意的常规逻辑进行内容编排，将合乎学习情境需求的形态创意合理流程引入知识描述过程，对其中涉及的创意草模型制作及应用知识进行阐述，同时兼顾相关形态创意知识的介绍，从而使读者能较为系统、全面地了解交通工具创意草模型理论及其应用，并在知识和经验的引导下合理构建专属个人的形态创意逻辑。

本书分为 3 章，首章为交通工具形态创意草模型概述，后两章分别介绍交通工具形态创意草模型的两大类型，即构思草模型和表现草模型。构思草模型和表现草模型同属创意草模型，因而兼具构思和表现功能，表面看来两者功能重合无须严格区分，但实质上两者的应用价值存在本质差异。其中，构思草模型的应用侧重于体现创意生成过程，以实现更为完整、丰富的造型思维记录和启发为目的；表现草模型的应用则侧重于体现创意生成结果，以实现更为准确、合理的创意构想验证和评价为目的。因此，本书构建两者知识体系时所考虑的问题各有侧重，前者侧重考虑创意不同阶段导入何种模型，以及这些模型应如何制作与应用才能满足创意构思的需求等；而后者则侧重考虑使用模型常用材料如何制作具有较强创意表现功能的草模型，以及制作与应用过程中所涉及的创意构思问题该如何同步协调或解决等。

交通工具作为特定类型的工业产品，其模型知识具有针对性的同时也具有局限性。模型理论中的部分概念在交通工具范畴内才具有重要价值或意义，由此推导的模型知识对其他工业产品的适用性还有待探讨。鉴于此，本书描述由这类概念推导的模型知识时，除阐明其概念的确切含义外，还围绕其应用展开具体论述，而描述其他模型知识时，则尽可能从产品形态创意的视角展开，使得本书最终能兼顾知识的针对性、适用性和系统性，可作为高等院校工业设计、产品设计及汽车造型设计等交通工具设计相关专业或方向的教材、教学参考书。

交通工具形态创意草模型的理论与技法不仅涉及形态制作层面，还涉及形态创意层面。形态制作层面的概念较常规、具体，读者易于理解与掌握其知识，与之相比，形态创意层面的概念往往较专业、抽象，读者理解其知识点间的逻辑关联尤为困难。为此，本书在描述形态创意层面的知识时，对其中读者易混淆的若干抽象概念，单独列出章节来阐明其关系，以便读者能够快速查阅并加深理解。此外，形态创意过程中的创意思维活动错综复杂，且因人而异，其过程过于程式化则易丧失个性与创新性，描述过于具体则往往不具借鉴性。鉴于此，本书尽量描述具有普遍意义的规律性知识，读者学习后可结合创意实际情况与个人创意习惯予以灵活变通。

本书立意源于作者对形态创意草模型价值的认知，以及对专业教学的切身体会。形态创意草模型在交通工具设计领域虽然得到广泛应用，但现有教材对其知识的描述仍然偏少，且多从立体形态表现的角度介绍技法，内容缺乏与形态创意知识的有机融合，偏离创意草模型制作和应用的根本出发点，也难以适应创意草模型相关教学提出的现实需求。鉴于此，本书从交通工具形态创意内容与特点的分析与总结出发，强调创意草模型在形态创意中的作用、价值与意义，结合理论分析要求与实践应用需求，提出创意草模型概念的定义与分类方法，并从形态创意不同层面确定其理论性知识和实践性知识框架，在框架内以交通工具为形态创意对象对其创意草模型知识进行详细阐述，从而使本书成为目前介绍创意草模型理论及应用方法较全面、系统的资料。

本书从构思到出版的过程中，作者付出了大量时间和精力，在此尤其感谢家人的默默付出和包容，这让作者能够做到心无旁骛，全身心投入写作。特别感谢电子工业出版社赵玉山先生的宝贵建议，让作者能够及时更正书中的错误，使本书得以顺利出版。同时感谢南京理工大学设计艺术与传媒学院各位领导和同事的支持与鼓励，让作者坚定身为教育工作者应秉持的教育理念和学术态度，还要特别感谢南京理工大学和英国考文垂大学合作办学交通工具设计专业教学团队，让作者有机会接触并利用国际领先的交通工具设计教育资源。

本书涉及较多读者易混淆的抽象概念，作者努力尝试用不同描述方式使之更易理解和区分，但描述结果又往往缺乏准确性或简洁性，增加了全书的编辑难度。书中内容虽历经作者的理论思辨、应用实践和文字推敲，但由于个人知识、能力及研究水平有限，书中难免存在疏漏和不足，恳请专家、同行和读者批评、指正。

作者

目　录

第1章

交通工具形态创意草模型

1.1 交通工具形态创意概述

1.1.1 产品形态创意

1. 产品形态创意的内涵

产品形态创意是为达成形态设计目标所开展的产品形态创造活动，是应用设计思维构思产品形态，以使之满足功能、人机、结构、技术及趋势等要求的思维过程，也是应用设计技术表现形态创意构想，以使之能被验证和评价的物化过程。

产品形态创意既属于产品形态创造活动，也属于该活动创造的结果，产品形态创意往往需要达到意象、美学及风格等不同形态设计层面提出的目标，以满足用户的审美需求，并符合产品对象的风格定位。

2. 产品形态创意过程及因素

1）创意过程

产品形态创意过程中，设计者通常先从以图像、实物等形式存在的创意素材形象获得构思启发，然后对素材形象及目标产品进行分析，寻求将素材形象特有设计知识转译到目标产品的有效路径和方法，再将经提炼和整合的素材形象造型语言应用于构思形态，产生创意构想，并经验证和评价，完成向形态方案的转化。

2）创意因素

产品形态创意是设计者应用所掌握设计知识和技能解决形态设计具体问题的过程，设计者的设计知识与经验体系、设计思维能力和设计价值观等主观因素，以及创意资源、创意环境与创意任务等客观因素，都将一定程度地影响形态创意成效。

（1）设计知识与经验体系

产品形态创意既是设计者应用既有设计知识与经验的过程，也是汲取新设计知识与经验的过程。可供汲取的新设计知识和经验部分来源于创意资源，其他则产生于构思形态的演化过程。前者较为繁杂，需经创意资源的筛选、整合和衍生使之凝练，之后才适合转译至创意构想。后者较易被忽视，需在构思过程中实时跟踪形态演化并保持敏锐的感知力才能获得。应及时汲取这些经检验的新知识和新经验，并促进其向更广阔的应用场景迁移。

（2）设计思维能力

产品形态创意过程中设计者面临的形态设计问题复杂且模糊，有些问题难以定义，需要设计者在合理的造型思维引导下，利用行之有效的技法将其逐层分解并加以简化。产品形态创意过程中的思维活动兼具感性和理性特征，发散性思维和逻辑性思维同时体现在其中，且分别对形态创意发挥不同作用，应适时且有针对性地运用。

发散性思维让创意视野更加广阔，能拓展创意尝试的维度，利于汲取更多设计知识和经验，是推动创意创新的重要驱动。逻辑性思维能弥补对创意尝试感性分析的不足，并通过各种抽象概括出的线索判断、推理出形态创意的规律或方法，是优化创意方法的必要思维方式。

（3）设计价值观

产品形态创意方向一定程度地受设计者的设计价值观影响，树立满足目标用户需求的设计价值观是保证创意方向合理的必要前提。设计价值观决定形态创意的价值评判，评判结论成为创意方向的决定性依据。满足目标用户需求的设计价值观既应在形态创意前牢固树立，又应在创意过程中持续贯彻和落实。

（4）创意资源

产品形态创意有既定需达成的形态设计目标，为达成目标须满足其定义提出的各项设计要求。借助创意素材形象提供的设计知识和经验资源进行形态创意，更易满足设计要求，从而高效地达成设计目标。为从特定创意环境获取更多有效的创意资源，设计者需拓宽获取途径并开发多种形式创意资源的利用方法。

（5）创意环境

产品形态创意是在特定创意环境进行的创造活动，在创意资源匮乏的环境下实施形态创意，过度依赖已有设计知识和经验体系，将耗费设计者大量精力甚至信心，也不利于增长知识和经验。虽然创意资源无处不在，但有效资源仍需要设计者的敏锐感知和清晰思路加以辨别和优选。

（6）创意任务

产品形态创意能否产生成效，在一定程度上取决于设计者对创意任务的接受程度，这和设计者的设计能力密切相关，因此设计任务发布者对设计者所提出的创意要求，往往会考虑是否匹配其设计能力。设计者面对可选的多项创意任务，接受要求略高于自身能力的任务有助于发挥其主观能动性，设计者从中能收获的不只包括新的知识和经验，还包括成就感和信心。

3. 产品形态创意技法

产品形态创意包括创意构思、创意表现和创意评价等内容，创意过程所产生的想法和形态方案，都需要应用形态创意技法来实现其构思、表现和评价。

1）创意构思技法

创意构思是形态创意的核心环节，构思是产生、加工、筛选和综合创意想法的过程，形态的创意构思是将设计知识与经验应用于形态构思的过程，通常需对形态构思的相关概念和要素进行分析、提炼、演化及整合，其技法除了设计思维技法、形式分析技法等思维分析型构思技法，还包括草图构思技法、草模型构思技法等表现基础型构思技法。

2）创意表现技法

创意表现是形态创意的中心环节，是衔接创意构思和创意评价的桥梁。创意表现的质量关系到创意构思与评价能否顺利进行，因此其技法是创意技法的重要内容。形态的创意表现是对创意构想或形态方案进行视觉化、图形化的过程，通常需绘制或创建出创意构想的平面及立体形象，实现形态创意结果的直观呈现。创意表现技法主要包括草图与效果图表现技法、草模型与精细模型表现技法，以及图文影像表现技法等。

3）创意评价技法

创意评价是形态创意的必要环节，评价是验证创意想法合理性的过程。形态评价建立在对造型语言的相关分析基础上，需对形态的造型语言、感观属性、造型语义、形式要素、造型主题、造型特征、审美价值等展开评价。形态评价包括上述评价要素的构思和表现评价，除单独评价形态创意质量外，还结合产品原型来评价创意契合度。这一过程所应用的技法包括专家访谈法、问卷调研法、形态分析法、感性量表及数据统计法等。

1.1.2 交通工具形态创意

1. 交通工具形态及其设计

1）驾驶与乘坐空间的形态设计

交通工具是载人出行的工具，能够提供人移动出行的必要空间，其形态设计更加关注用户所需使用的空间。

汽车、轮船及飞机等中大型交通工具形态，往往需要为用户提供封闭或半封闭空间，其形态设计涉及空间的内、外布局，要求满足用户出入、驾驶和乘坐等基本使用行为所提出的人机关系要求，在保证工程可行的基础上使用户获得较为合理的观察视野和活动空间。此外，即使是大型交通工具，其空间仍然有限，其形态设计在尽可能满足用户对空间使用需求的前提下，还需考虑动力、能源、机构及部件、行李和货物等造成的空间占用问题，这些问题属于总体布局设计与配置问题。

自行车、助力车和摩托车等小型交通工具形态，所提供的开放空间虽然没有明确的内、外之分，但用户对空间的使用需求没有本质差异，因此设计者同样需考虑与空间相关的设计问题。由于开放空间对出入、驾驶和乘坐的限制更少，行李和货物造成的空间占用问题处理也较灵活，因此小型交通工具的形态设计更多地关注布局配置，具有更自由的创意空间。

2）移动出行创新空间的形态设计

交通工具所具移动空间的内涵日趋丰富，新的功能概念被逐步引入以驾驶和乘坐为重要功能的传统产品定义，新型交通工具的形态设计正回归交通工具理应具备的产品设计属性。

随着科技的发展和人们对出行需求层次的提升，交通工具为移动出行提供的空间呈现多功能化、个性化、模块化、共享化和智能化等趋势，传统的驾驶和乘坐行为逐渐被休闲、娱乐、生活和办公等取代，这使交通工具形态的风格日趋多样化，内、外造型的关联度大大提升。为适应以上趋势，交通工具形态设计正逐渐抛弃由外造型主导形态设计的传统，转而由内、外造型共同主导形态的设计。

3）快速移动产品的形态设计

交通工具是具有快速移动属性的产品，其形态普遍具有较强的空气动力学性能，且在形态的造型语义层面具有突出这种属性的造型特征。交通工具的形态设计需营造形态的动感和速度感，从形态的比例属性、姿态倾向、体量平衡、型面张力、线型趋势及图形样式等角度进行造型主题及特征设计，最终形成能够表达动感和速度感的形态感性主题和造型语义。

4）高价值产品的形态设计

交通工具的设计与制造具有高成本、高投入的特点，这种高价值产品形态往往具有较高的复杂度和精确度，且具有传达高科技感和高品质感的造型特征。交通工具形态设计需应用合理的造型规划、严密的造型逻辑来组织设计过程，并将感性与理性并重的造型思维、完善的造型技法运用其中，从造型策略与技术不同层面实施形态设计，从而提升产品的附加价值。

2. 交通工具形态创意设计

1）形态设计和形态创意

形态创意是产生构思意图和形成构思想法的过程，它通常借助表现手段记录造型思维并视觉化构思想法，本质上是运用造型思维形成构思想法并将之有效输出的形态设计活动，其核心意义在于形成构思想法供后续验证和评价，而非提供验证和评价构思想法的方式或手段，从此意义上讲，在这种形态设计活动中表现手段只是辅助形成构思想法的工具。形态创意的核心意义在于形成构思想法，构思想法决定形态设计方向，使形态创意成为影响形态设计成效的关键因素。

2）交通工具形态的审美认知与创意构思

（1）形态的审美认知

交通工具形态是具有独特审美属性的产品形态，其审美的认知要素主要包括结构、比例、姿态、轮廓、体块、型面、线型、图形及细节等。交通工具形态的审美认知要素具有层次性，为满足审美认知需求而进行的形态构思需以认知要素理论为基础，因此认知要素也常被视作创意的构思要素。

（2）创意的构思要素

在交通工具的形态创意构思要素（简称形式要素）中，姿态及轮廓（剪影轮廓）的审美认知以整体为主，属于整体性形式要素；型面、线型、图形及细节等的审美认知以局部为主，属于局部性形式要素；结构、比例及体块的审美认知兼顾整体和局部，属于全局性形式要素。整体性形式要素的构思范围较为集中，其构思多发生于创意初期，通常具有较高自由度与效率；局部性形式要素的构思范围较分散，其构思多发生于创意的中期或末期，通常具有较低的构思自由度与效率；全局性形式要素的构思贯穿整个构思过程，通常具有较适中的自由度与效率。

（3）形态创意构思

① 形态创意的工作内容

形态创意主要包括创意构思、表现与评价三项工作内容，其中，创意构思是设计者根据设计目标收集符合其要求的创意素材，从其获得创意启发，将其中蕴含的设计知识和经验凝练出来用于形态创造的过程，该过程的输出物既可以是阶段性构思想法，又可以是完整度较高的形态方案；创意表现是在创意构思过程中，应用草图绘制、模型制作等表现手段，将创意构思的过程性或结果性输出物用可视化的造型语言记录下来的过程，该记录过程也是对构想的持续验证和评价过程，所记录下的内容常被用于跟踪和还原构思想法或形态方案的生成过程。创意评价主要包括创意构思与表现效果的评价，两者的评价具有不同的内容与标准，评价是验证的前提和基础，评价内容与标准的合理性关系到验证的有效性。

② 交通工具形态的创意构思

交通工具形态构思通常在以比例、型面、图形为中心的不同构思层面系统而有序地展开，以动物形态类比解释，比例、型面层面分别对应动物的骨架层和肌肉层，图形层面则对应动物各部位形状层及皮肤肌理层。交通工具形态构思还涉及结构、姿态、轮廓、体块、线型及细节，它们分属于上述各构思层面的构思对象。

以比例为中心的构思层面，设计者需探讨各体块、型面及线型间的尺寸、面积、体积、方向和位置关系，运用二维立体化和三维平面化的构思方式，即构建二维和三维相结合看待构思对象的意识，挖掘构思对象的二维和三维属性，从而全面而深入地展开形态构思。在此层面的形态构思，将对各体块、型面及线型的整体和局部比例同时展开探讨，探讨过程也将定义姿态、轮廓、结构、图形及细节等其他构思要素。

以型面为中心的构思层面，设计者需探讨依附特定体量的型面轴线、曲率变化及轮廓与截面形状，也包括型面的张力及在不同视角下的剪影轮廓，除此之外，还探讨各型面间交线、过渡线的形状和曲率。对各型面的局部性探讨既受比例层面的构思结果约束，也将限制后续图形层面的构思。在此层面的形态构思，既涉及单个型面各自的线型、图形、比例及轮廓，也涉及多个型面共有的结构、姿态、比例、轮廓、体块及细节。

以图形为中心的构思层面，设计者需探讨依附特定型面、体块、结构、比例、姿态及轮廓特征的线型及其组合。在此构思层面的形态构思，在比例层面与型面层面构思结果的双重约束下，探讨形态各线型的形状和曲率，以及各线型的封闭和半封闭组合的样式与规格，是该构思层面的主要工作内容。

1.2 交通工具形态创意的载体

1.2.1 形态创意载体的内涵

创意载体是设计者用于创意思维记录与启发，或者创意构想验证与评价的媒介物，这种媒介物通常经可视化、图形化加工，其存在形式不仅包括具有感知直观性的现实形式，还包括虚拟和混合等可感知形式。

创意载体是设计师承载创意的工具，提供易于容纳创意思维与构想的空间，同时便于设计者随时存储与提取其中蕴含的设计知识。创意载体由有形的传播介质和无形的创意知识共同构成，融入创意知识后的传播介质更具活力和价值，依托传播介质的创意知识更易产生迁移效应。创意载体由设计者自发构建，创意记录、启发、验证与评价的需求是构建创意载体的主要驱动力。

1.2.2 形态创意载体的类型

交通工具造型设计的常用创意载体包括图纸和模型，它们具有构思高效、表现方便、评价直观的特点。以动画视频、交互影像为代表的新型创意载体近年来发展迅速，它们本质上是虚拟模型的动态表现形式，由于目前技术的限制，这种动态表现形式的创意构思功能尚不完善。

1. 图纸

图纸用于形态创意具有较强适用性、较高自由度与表现效率，这些突出优势使图纸成为交通工具形态创意的优秀载体，但图纸的形态创意效果具有局限性，对图纸形象的解读受特定视角、焦距及视差等客观条件的约束，表现误差、认知偏差等人为因素也势必会影响解读效果。图纸形象解读存在的约束性和差异性，将降低基于图纸的设计评价明确度，图纸形象的立体化过程容易出现比例失调、特征冲突等问题。

2. 模型

模型属于三维立体形式的仿真形态，其创意效果直观，能够全视角立体展现构想形态。所见即所得，模型具备既有立体形式，因而不存在立体化导致的各类问题。模型对形态的解析度、仿真度和准确度能达到较高水平，通过模型来验证和评价形态更加合理、可行和高效，因此模型成为交通工具设计领域必不可少的形态创意载体，但模型的创意表现受限制较多，制作材料、工具与环境，以及制作过程中各种物理意义上的约束都构成限制因素，与二维图纸相比其形态创意自由度略低，造型细节的表现效率也时常不及图纸。

3. 动画视频

动画视频是将草图、模型导入软件后，通过视频编辑软件制作的动态影像。动画视频提供创意表现的功能，其效果直观，能够动态全视角立体展现构想形态，且能将形态的细节表现通过运用特写镜头等方式予以强化。设计者可通过在动画视频添加音乐、文字及语音等方式营造契合形态构思的主题，使形态构思的表现效果更加全面化和立体化。

4. 交互影像

交互影像是引入人机交互的动态影像，人机交互具有目的针对性、反馈性和沉浸感，因此交互影像能更有效地用于形态创意过程。交互影像的形态创意功能可体现在创意构思和创意表现两个方面，其创意表现功能和动画视频接近，并因引入人机交互而更高效；其创意构思功能超越图纸和模型，除继承并强化两者构思功能外，还为形态创意提供了新的构思方法和路径。

1.2.3　形态创意载体的应用

1. 形态创意载体的应用发展

纵观交通工具设计发展史，几乎所有现代交通工具的诞生都离不开图纸和模型，这些传统创意载体不仅应用于产品造型设计，还应用于工程、技术设计等其他领域，以其适用性、实用性和有效性而广受青睐，至今仍具有极强生命力。

随着交互等智能技术的发展，虚拟现实、增强现实、混合现实等多种类型的交互影像应运而生，这些新型创意载体使现代交通工具形态创意的构思、表现和评价等具有了更丰富的内涵和价值取向。形态创意载体能提供二维与三维、静态与动态、虚拟与现实、开放与沉浸等多种交互体验，为形态创意构建了多向的感知维度、决策视角和工作路径。

2. 形态创意载体的核心功能与应用价值

形态创意载体的核心功能在于为设计者提供其创意过程中短时工作记忆的存储空间，从而有效避免工作负荷过大造成的创意失败。短时工作记忆的存储空间需要能够方便提取和保存设计知识，形态创意载体所具有的可视属性和图形属性是天然的有利条件，符合设计思维的习惯与特征。

交通工具是集成所处时代前沿技术的高价值产品，应用较低成本的替代材料，来构思和表现高价值产品的形态构想或方案，是提高创意投入产出比的有效途径，创意载体即是符合投入产出要求的创意辅助工具。

形态创意载体的应用价值在于，通过其较低的投入来避免因工作负荷过大而造成的创意失败。交通工具形态创意过程中工作负荷较大的环节是创意构思，通过较低投入来使创意构思过程的工作负荷维持在较低水平，是交通工具创意载体的核心应用价值。为更好地体现交通工具创意载体的核心应用价值，需要研究创意载体更低投入的技术与方法，依据设计者在创意构思过程中不同阶段工作的特点，分析创意载体所需达到的构思效用，最终使其应用更具降低创意工作负荷的实效。

1.3 形态创意草模型概述

1.3.1 形态创意模型与草模型

形态创意模型是一种立体形式的形态创意载体，形态创意载体的应用价值在于其较低的投入与较高的创意产出，其核心价值体现在其降低创意构思难度的效果。作为创意载体的形态创意模型，低投入型模型更能保证其应用价值。低投入型模型的制作过程能否实际地降低创意构思难度，是其是否满足核心价值要求的评判标准。

造型草模型是以概略手法制作的造型仿真模型，相对造型精美的展示型模型而言，造型草模型具有制作耗时短、制作工序简单、工艺要求低等制作优势，但其形态对目标造型的仿真度和表现精确度较低，从理论角度看仅适用于快速记录、启发造型思维，以及验证、评价阶段性构思想法，但在实践中因其制作便利且具有立体感，能更直观、全面地展示形态方案，也常被作为草图、效果图创意表现的有力补充。

创意草模型属于造型草模型，它不但以概略手法制作，而且其待仿真造型本身即具概括性，使得这类草模型的造型具有极为概括的表达形式。创意草模型的形态是对阶段性创意构想的记录，创意尚未定型时的阶段性创意构想具有较大的修正空间，因此其记录仅需包含其关键构成对象的主要内容，这便构成了具概括性的待仿真造型，加之可采取较粗略的记录方式，从而使这类造型草模型最终具有显著的造型概略性。

1.3.2 创意草模型的价值与意义

1. 理论价值

1）体现创意载体的核心价值

创意草模型的创意构思方式具体、明确，创意表现方式直观、高效，具有显著的低投入与高产出的特点，而且这类模型能使创意构思过程的工作负荷维持在较低水平，因而尤为符合创意载体核心价值的体现要求。

（1）构思与表现有机融合

创意草模型所用材料除模型常用材料外，还包括具有显著造型语言特点的其他适用材料，这类材料固有造型语言契合形态创意需求，使模型制作类似于用材料画笔在三维空间内进行立体描绘，立体描绘中材料的形态演变，既反映明确的创意构思又实现高效的创意表现，构思和表现得以同步并有机融合。

（2）低投入与高产出

创意草模型构思与表现的有机融合，使设计者的工作负荷维持在较低水平，创意时投入的精力不必过多，加之模型制作在材料、工艺、耗时等方面的投入在较低水平，因而具有显著的低投入特点。此外，创意草模型能快速记录并适时启发造型思维，制作过程中材料的形态演化能反映创意构想，也能提供不可预知的形态演化结果，这将产生新的设计知识供启发造型思维，使创意草模型制作具有高产出的特点。

2）提供创意模型的定义规范

创意草模型是形态创意模型的重要形式，相对其他形式来说，它实现了更低的投入产出比，在创意尚未定型的阶段具有突出优势。低投入是形成该优势的关键因素，表现在低成本、低工艺要求、低时间成本、低工作量与低工作负荷等多个方面，为创意模型的形式及其功能的定义提供了规范。

2. 实践意义

1）深刻理解形态创意的精髓

创意草模型制作是在三维空间中应用立体材料进行形态创意的过程，创意材料与环境的立体性使其形态创意具有直观性、明确性和全面性，让设计者更能将目光和精力聚焦于创意构思。创意构思作为形态创意的核心环节，从其实践中获得的知识和经验，将有助于深刻理解形态创意的精髓。

2）开发创造潜能并强化设计思维

创意草模型制作是在材料与加工工艺限制下进行形态创意的过程，难免遇到与材料特性、加工工艺及制作流程等相关的各类制作可行性问题，这类问题实际上可归属于工业设计问题，它们大多难以预知，且利用现有条件难以高效解决，往往需要调动设计者创造性解决问题的思维，因此在解决此类问题的实践过程中能够开发设计者的创造潜能并强化其设计思维。

3）积累视觉经验并拓展设计思维维度

创意草模型制作是应用各类适宜材料进行形态创意的过程，待加工模型材料是具有材料固有造型语言的模型初始形态，其演化是材料固有造型语言向目标造型语言转化的过程，因此从可供材料中筛选出最适宜的模型材料，需要考察材料固有造型语言与创意想法的契合度。设计者从对各类材料的反复观察与对比中积累大量视觉经验，经对比后再分析各造型语言的运用机理，将拓展设计者的设计思维维度。

4）促进设计思维的更新迭代

形态创意的不同阶段具有不同的创意侧重点。创意草模型作为表现阶段性创意构想的创意载体，其形态所含信息无法完整解释目标形态，从外观看只是目标形态的概略雏形，模型形态较抽象、概括，因而具有较大的形态想象空间，其想象往往提供创意预期以外的创意知识和内容，拓展创意新思路的同时提出了预期以外的新创意问题。随着模型形态的不断演化，所提出的新创意问题也在同步更新，解决问题的外在需求及拓展思路的内在动力，促使设计者持续更新与迭代其设计思维。

1.3.3 创意草模型的优势

1. 功能优势

1）创意方式自然

如果说手绘是在二维平面内用抽象图元以仿真的方式来创意立体的形态，那么创意草模型制作则是在三维立体空间内用真实或仿真的立体材料来创意，这种创意方式无疑更贴近人类原初造物方式，具有贴近自然的创意特质。

2）创意手段有效

通过二维图纸进行形态创意虽然高效、便捷，但二维形式下的形态创意始终限于对三维立体创意形式某种程度地仿真模拟，且仿真度还受技术水平、客观条件等诸多限制，难以保证仿真模拟的有效性。而创意草模型制作能将三维形态的立体材料直接用于创意，所见即所得，不存在二维仿真模拟三维的问题，创意手段更加直观、有效，对形态创意的诠释和解读也不易产生歧义。

3）创意负荷适宜

交通工具形态创意既要解决思维层面的问题，又要解决技术层面的问题。形态创意的主要工作负荷来自于创意构思，应用创意草模型这类能够高效创建的立体创意载体，以其技术层面的优势来缓解思维层面的问题，不失为较好的减负方式。

4）还原创意过程

形态创意中获得的设计知识和经验极为宝贵，设计者时常需要呈现、梳理并记录创意过程中的造型思维活动，往往需要比草图功能更加完善的创意载体，此时应用创意草模型能更完整地记录形态创意过程产生的设计知识，通过它来帮助设计者快速回想或还原创意过程，可以更全面、深刻地理解自身造型思维活动，有助于分析整理出系统有效的专属创意方法体系。此外，创意草模型是由立体材料制作的创意载体，对立体材料的操作通常具有较强的可逆性，形态还原因此较自由，有利于快速更正创意思路。

5）保留创意空间

创意草模型的形态具有抽象性和概括性，保留了一定的形态创意空间，在此空间内不同人对创意的解读存在差异，加之立体模型的直观性、明确性和全面性，使对模型的现场交流和探讨更易激发出创造性的构思想法。

6）量化创意形态

立体材料制作的模型便于对各种维度的精确测量，创意形态经多维度量化后转化为解释立体形态的数据，将之作为创意评价的客观依据，所形成的评价结论将更全面、准确。

2. 制作优势

1）成本低廉

创意草模型对制作材料的本质要求，是能够快速制作出反映创意构想的立体雏形，对材料固有造型语言契合度和良好加工性能的要求，大大高于对材料仿真表现能力的要求，因此除选用模型常用材料制作外，还可选用各类成本更低廉的非专业材料制作。

2）工艺要求低

创意草模型的形态抽象且概括，通常不要求其具有高精确度，这类模型往往通过简单工艺即可成型，对工具及操作场地的要求也很低，在任何常规设计环境下几乎都可制作。

3）技法相对简单

创意草模型是材料既有立体形态的演化结果，为使材料按创意要求演化，设计者通常仅需掌握模型材料手工加工成型及相关技法，和二维平面内实现三维立体仿真的手绘技法相比，草模型制作技法相对简单，设计者得以更快掌握并应用。

4）制作快速

创意草模型制作除利用材料的良好加工性能来快速成型外，还可利用材料的固有造型语言，快速表达满足创意构思要求的感观属性和造型语义，因此只要材料选择得当即可高效构思和表现创意构想，从而使创意草模型制作能够快速完成。

第 2 章

形态创意构思草模型

2.1 创意构思草模型概述

2.1.1 构思草模型的相关概念及关系

形态创意构思草模型指在形态创意各阶段，以记录、启发造型思维和验证、评价创意构想为目的，对处于头脑或图纸的创意构想进行快速立体表现，得到的能反映创意意图和想法，具形态概略性的造型模型。

构思草模型的理论阐述反复涉及造型语汇、形式要素等概念，这些概念容易与造型语言、造型元素、造型特征等混淆，为便于读者理解后续内容，本书先简述它们之间的关系以明确区分这些概念。

1. 造型语言、特征、语汇及语义间的概念关系

造型语言是对造型概念的描述，可视为塑造具有特定感性和语义的形态所应用的一连串造型手法。造型语言描述感性和语义的完整性，是形态感性主题及语义有效表达的必要条件。

造型特征是具体造型的形式特征，它用具象的形式解释抽象的造型概念。造型及其特征是造型语言应用的结果，应用结果具有多样性，同一造型语言表达的造型概念可用截然不同的造型及其特征来解释。

造型语汇是造型语言的构成单元，用于描述造型概念的片段。语汇应用结果和语言类似，同样具有多样性。特定语汇应用生成的造型及其特征，也可以是其他语汇的应用结果，应用结果类似的语汇通常具有相近或相反的语义。语汇自身已经具备描述造型概念的功能，但构成语言后能更完整、有效地表达感性主题和语义。

造型语义是造型语言所传达的意义，包含语言自身、描述对象及内容的意义。符号学理论提出，任何符号化对象均具有视觉、文化和语言意义，造型语义也具有上述三方面的意义，将主要包含描述对象的感性意义、描述内容的象征意义和语言自身的美学意义。

2. 形式要素与造型语言的概念关系

结构、比例、姿态、型面、线型、图形等作为交通工具形态的核心评价要素，也是模型形态的形式要素。构思得以实现并体现于模型形态，是设计者用造型语言描述形式要素的结果，形式要素作为造型语言描述的对象，相对造型元素、造型特征等对象而言，能够更系统、结构化地应用于形态构思过程，输出更合理的形态构思结果。

3. 构思草模型的内涵与外延

形态创意构思草模型是在三维立体环境中，使用易获取、易处理的材料，通过简单加工工艺及流程制作的造型模型。这类造型模型的形态通常不追求高仿真度，只要能实现形态的阶段构思与概括表现，各类非专业模型材料均可应用。构思草模型为形态创意过程提供立体的视觉形象，既可以是在现实环境中用真实材料制作的实物模型，也可以是在虚拟环境中用仿真材料创建的数字模型，模型视觉形象是否现实存在，并不会从本质上影响创意构思、创意表现和创意评价的效果。

创意构思草模型是通过对造型语言、感观属性、造型语义、形式要素及造型特征等概念的具体定义，完成的具有阶段构思、概括表现和客观评价功能的三维立体模型。创意构思草模型通常具有较明确的造型目标，将目标分解为感性主题、目标语义、特定风格等具体要求后，再经创意素材形象的造型提示，通过形态的构思、表现和评价，最终形成满足造型目标的系列草模型形态。

从理论层面理解，构思草模型可泛指创意定型前创建的所有概略模型，既包括构思型概略模型也包括表现型概略模型。从草模型主导功能对类似模型概念加以明确区分时，构思草模型则专指以记录和启发造型思维为主导功能，具有显著形态概略性的构思型模型。构思草模型的具体表现形式和后续介绍的表现草模型并无二致，现实意义也常被贯通，但从概念角度加以区分仍具理论研究意义，后者的主导功能在于形态构思的验证和评价，其技法研究也更多地关注形态构思过程中的立体表现问题，侧重研究立体表现匹配形态构思的相关模型技法。

2.1.2　构思草模型的类型

形态创意各阶段提出不同构思需求，应用多种功能类型的构思载体可以更有针对性地满足需求。使用草模型作为构思载体时，为满足不同阶段提出的构思需求，可依据不同阶段创意任务的主要目的来界定草模型的构思范围和功能，因此将构思草模型分为意象风格提示模型、造型语言探讨模型和造型特征设计模型。

1. 意象风格提示模型

意象风格提示模型是围绕创意素材形象的造型语言进行相关分析，将造型语言筛选并提炼后用于描述适宜材料的形态，所生成的具有显著造型特征与语义，能还原并提示素材形象感性意象和造型风格的模型。

意象风格提示模型的形式内容来源于创意素材，其制作将提升设计者对素材形象和模型形态的感性体验与理性分析能力，以及从素材辨识、获取、迁移和应用创意知识的能力。意象风格提示模型形态的创意过程将规范素材形象，输出能够突显各创意素材核心形式内容，且具统一内容表达规范的立体形态。意象风格提示模型是具有精简构造和概括形式的立体形态，使之能提供素材知识以外新的启发性创意知识。意象风格提示模型是首次以立体形态呈现的创意灵感和意图，其形态最贴近创意素材形象的感知，能提供后续他类模型创意的评判依据。

2. 造型语言探讨模型

造型语言探讨模型是对多个意象风格提示模型的造型语言进行分解后，将所得造型语汇重组为能够表达特定感性主题和目标语义且具有严密逻辑性和高效表达性的造型语言，将之用于描述适宜材料的形态，所生成的具有明确造型主题和产品原型造型特征的模型。

造型语言探讨模型是基于意象风格提示模型所制作的构思草模型，它能转化意象模型中难以沿用至目标产品的造型语言，从而使形态创意过程得以顺利推进。造型语言探讨模型是以造型语汇为形式内容探讨的重要载体，所得形态创意既能继承意象模型形态的语义又能挖掘并表达新语义。造型语言探讨模型将产品原型形态特征作为重要的创意约束条件，使模型形态更贴近产品原型形态，从而实现了意象模型从抽象形态向更具象形态的过渡，有效扩充并验证了已有创意知识。造型语言探讨模型用造型语汇描述形式要素的设计特征，同时整合意象模型形式内容的核心资源，由此引导创意过程更为理性高效，易输出更理想的创意结果。

3. 造型特征设计模型

造型特征设计模型是将创意资源提供的造型语言方案与产品原型进行概念适配，排除概念上的逻辑冲突后，将优化并整合后的语言方案用于描述产品原型的可能形态，所生成的约束可信、主题鲜明、语义明确和美感精致的形态模型。

造型特征设计模型的形态创意凝练已有创意资源的创意知识，并将之体现于产品原型的可能形态，有利于发挥全体创意资源的作用和价值，并实现阶段性创意构想向形态方案的转化。造型特征设计模型的形态创意，将考察造型语言方案描述产品原型可能形态的过程和效果，便于设计者在模型上做出合乎产品原型约束要求的有效调整。造型特征设计模型的形态创意，对语言方案所表达造型特征先后实施定性和定量设计，能在多重条件约束下提供相对有利的创意空间，从而促进高质量形态方案的形成。造型特征设计模型作为兼具创意构想与形态方案输出功能的构思草模型，能够记录创意构想和形态方案的形成过程和最终状态。

2.1.3 构思草模型的作用

1. 快速推进创意进程

构思草模型的制作以记录和启发造型思维为主要目的，其创意构思更多依据感性因素的评价，所受客观限制较少，因而创意构想可以更加开阔、自由。此外，构思草模型形态概括，制作工艺要求低，其创意构想的表现无须考虑过多精度问题，因而具有较高自由度。创意构思和表现的高自由度，使构思草模型具有快速推进创意进程的作用。

2. 形成创新创意构想

构思草模型的制作材料不限于模型常用材料，各种非常规模型材料的使用将带来丰富的感官体验，这些丰富感官体验容易激发更多设计灵感，因而对造型思维的启发性更强，使设计者更易产生创新的创意构想。此外，构思草模型创意的高自由度，使设计者能够高效探索更多的创意路径，从而形成创新的创意构想。

3. 提供感性设计知识与经验

设计者从构思草模型制作中获取的设计知识，既包括平面与立体构成、形式要素及其设计特征、感性与风格等易于通过感知直接获取的知识，又包括造型语言构成、语言表达机理等需借助理性分析来推理得出的知识。前者以感性设计知识为主，后者以理性设计知识为主。

作为以记录和启发造型思维为主要目的的创意草模型，构思草模型应用于形态创意时，虽然理性设计知识的获取与应用是创意成功要素，在创意工作负荷较大、任务较多的现实情况下，设计者为保持思维活跃并加速创意进程，更倾向于从直观内容中快速获得启发，而创意形象体现感性设计知识恰恰具有直观性，对形象的直接观察即能启发造型思维。因此，模型的形态创意作为前述造型思维的运用结果，其融入的设计者知识与经验以感性为主，即构思草模型能提供感性设计知识和经验。

4. 促进发散性创意思维发展

构思草模型的创意任务通过创意思维的应用来形成若干创意方向，因此对多种创意思路的实践尝试成为必要前提。发散性创意思维在其中发挥重要作用，其应用将高效拓展创意维度与空间，因此成为创意思路多样化的主要思维方式。由此可见，创意思维的发散性是构思草模型创意实践的必要需求，其拓展创意维度与空间的独有优势，使之成为该实践过程中创意思维应具有的必要属性。因此，发散性创意思维在构思草模型的创意实践中反复应用，得以不断巩固与强化，即构思草模型能促进发散性创意思维的应用及发展。

2.2 意象风格提示模型

2.2.1 意象风格提示模型的制作价值

意象风格提示模型是围绕创意素材形象的造型语言进行相关分析，将造型语言筛选并提炼后用于描述适宜材料的形态，所生成的具有显著造型特征与语义，能还原并提示素材形象感性意象和造型风格的模型。

1. 提升造型认知和创意知识能力

意象风格提示模型的形式内容来源于创意素材，其制作将提升设计者对素材形象和模型形态的感性体验与理性分析能力，以及从素材辨识、获取、迁移和应用创意知识的能力。

1）提升造型认知能力

为激发形态创意灵感，设计者通常会收集丰富的创意素材，然后将其中符合意象风格定位的若干形象筛选出来，由它们构成能提示造型语言、感观属性、造型语义和形式要素及其特征的意象风格看板。意象风格看板取材广泛但素材数量有限，用有限素材形象的造型语言表达内涵丰富的感性和语义，是此类模型形态的创意要求，这基于对造型语言及其表达内容的有力解读，有赖于设计者对造型较强的感性体验与理性分析能力。在造型语言的解读过程中，设计者通过对造型现象及原理的反复认知实践，得以不断扩充相关知识和提升相关能力，其中包括设计者的造型认知能力。

2）提升创意知识能力

创意素材的形象物既可能是立体形态也可能是平面图形，表达多种形式对象及其内容，此外，形象物既可能简约抽象也可能复杂具体，具有丰富的形式属性和特征。面对丰富多样的创意形象，需从各形象造型语言中提取出其核心表达单元并研究其表达机理，再通过全体形象的综合分析明确感性主题和核心语义，依此提炼造型语言并应用于模型形态。这无疑是辨识、获取创意必要知识并将之应用于解决具体问题的过程，也是将从素材分析所习得的创意知识迁移到模型形态认知的过程，设计者对全程的参与能够全面提升自身创意知识能力。

2. 规范创意素材形象

意象风格提示模型形态的创意过程将规范素材形象，输出能够突显各创意素材核心形式内容，且具统一内容表达规范的立体形态。

意象看板中的创意素材形象可能同时存在二维和三维两种类型，且素材形象的复杂度和抽象度也可能不同，因此各素材形象的形式内容及其所含信息量不尽相同，形象不具统一的内容表达规范。素材形象未经规范即用于形态创意，将可能导致形态概念描述困难，描述结果也往往含有冗余信息。

而在意象风格提示模型形态的创意过程中，各素材形象的造型语言经分析后被提取出核心表达单元并优化，使素材形象得以规范化。在此条件下对形式内容的探讨过程才具有一致性，探讨结果也将具有统一的形式，能够明确描述模型形态并使之突显各素材形象的核心形式内容。将这类模型应用于后续创意，其统一的内容表达规范使之易于对比分析和综合，将使创意思路与方向更清晰、明确。

3. 提供新的启发性创意知识

意象风格提示模型是具有精简构造和概括形式的立体形态，使之能提供除素材知识以外的新的启发性创意知识。

意象风格提示草模型是有别于二维创意素材的立体形态，提供全视角立体感知的通道。此外，模型提取素材形象的形式内容并将之置入立体形态空间加以体现，消除二维素材体现形式内容的盲区。因此，模型形态能包含精要且完整的形式内容，使之可承载除素材知识以外的新的创意知识。

另外，模型形态所应用的造型语言，来源于素材形象但又更为精炼，且能够表达素材形象的感性主题及核心语义，因而具有更高的表达强度与效率。将之应用产生的模型形态，能获得比素材形象更为精简的构造和概括形式，使模型形态的形式内容便于后续创意的分析和探讨，从而易于从中获得启发性创意知识。

4. 提供他类模型创意评判依据

意象风格提示模型是首次以立体形态呈现的创意灵感和意图，其形态最贴近创意素材形象的原始感知，能作为后续他类模型创意的评判依据。

1）捕捉瞬间灵感和体现过程意图

创意灵感稍纵即逝，由素材形象启发的创意灵感也如此。创意灵感属于瞬间产生的思维状态，但在解决创意问题的过程中易受各种干扰而趋于模糊。创意灵感具有突发性和创造性，意料之外却极富创意应用价值，其思维结果能启发并指导创意思维活动，因此需要及时捕捉以发挥其创造性价值。创意意图也同样重要，产生创意意图即意识到所需达成的阶段性创意目标和相应创意方法，是创意过程有效推进的必要条件，可以反映创意过程重要节点的思维状态，因此需通过某种手段加以体现用于帮助设计者回溯创意过程，得以重新梳理创意思路并使之优化。

2）作为他类模型创意的评判依据

意象风格提示模型因其制作的快速性和便利性，非常适合捕捉创意灵感并体现创意意图。它首次以立体形态记录手段捕捉瞬间灵感并体现过程意图，因此其形态最贴近设计者对创意素材形象的感知。创意素材的感知将在后续他类模型形态中延续，其延续程度直接关系到后续模型形态的创意成效。因此，作为最贴近素材形象感知的意象风格提示模型形态，可当作他类模型的比较对象，也将成为其感知延续的参考对象和评判依据。

2.2.2 意象风格提示模型的制作原则

1. 素材形象内容解读原则

意象风格提示模型创意中对素材形象形式内容的解读，应重视逻辑性思维与发散性思维的综合应用。

1）逻辑性思维引导

三维素材形象的形式内容解读可围绕形象的结构、比例、轮廓、型面、线型及其组合图形等形式要素的设计特征展开，二维素材形象因其包括构图、色彩、明暗及形状等平面形式要素，形象需经立体化才能进行立体形式内容的解读。立体形象形式内容的有效解读遵从其内容元素的关联机制，因此需要设计者运用严密的逻辑性思维来引导。

2）发散性思维创想

针对二维素材形象而言，色彩、明暗具有进退感及方向指示性，能反映出模糊的三维空间，辅以构图、线型及图形等作为线索，有助于界定模糊三维空间内形态的多种属性。模糊空间的形态解读不具确定性，其描述结果除受设计者个人设计知识及经验支配外，还和形象感知力密切相关，因此需客观看待形态解读的多样性。另外，应用视觉经验进行类比联想是实现二维形象立体转化的必要方式，应充分发挥设计者的形态创造力和想象力，此时需要应用发散性思维来获得更多立体创想可能，以实现筛选与优化。

2. 素材形象内容描述原则

意象风格提示模型制作中对素材形象形式内容的分析涉及抽象概念，应采取有效的概念描述方法。

1）图文结合描述

为弥补单一概念描述方法的局限性，意象风格提示模型形态创意对形式内容抽象概念的描述多为文字和图形相结合的方式。

2）对比描述结果和素材形象

从素材形象提取形式内容的规则和内容元素的关联机制密切相关，符合规则才能保证其描述结果的合理性。将描述结果和素材形象的相应形式内容进行对比并分析出其异同点，排除造成差异的主观因素后，综合两者进行修正并得出更合理的描述结果。这种描述方式可使形式内容所含概念清晰明确，素材形象形式内容的提取和描述也趋于理性。

3）对比不同描述来明确素材内涵

通过对比文字语言和图形语言描述的异同，可使素材形象的形式内容表达内涵解读得更具体，能有效避免重形式轻内涵、形式冗余和形式单调等问题。

3. 造型语言分析原则

意象风格提示模型制作是动态的造型语言表达过程，应实时观察并保留过程记录，以供后续回溯创意过程。

1）实时观察

有别于素材提供的静态信息，模型制作中材料形变呈现为动态的造型语言，只有实时观察造型语言和感性与语义间的动态关联，才有助于设计者全面了解造型语言的表达机理。另外，观察材料形变过程，判断造型语言和感性与语义关系的变化趋势，有助于发现语言向更高级语言形态的演化潜力，无疑将开拓创意新思路。

2）保留过程记录

为方便应用造型语言的表达机理优化造型语言，可记录模型形态生成的过程，对比不同过程节点的创意结果，由此能明确特定感性与语义所对应的最佳造型语言状态。

4. 创意知识继承与利用原则

意象风格提示模型需继承素材感性与理性创意知识的核心，继承过程中产生的新创意知识也应加以利用。

1）继承素材核心创意知识

意象风格提示模型是以统一的形式内容表达规范而表达的立体形态，具有精简的构造和概括的形式，能突显各素材形象的核心形式内容，并准确继承素材形象的核心创意知识。素材形象为创意提供的知识，既包括素材形象平面与立体构成、形式要素及其设计特征、感性与风格等易于通过感知直接获取的知识，又包括造型语言构成、语言表达机理等需借助理性分析来推理得出的知识。感性与理性创意知识的共同探讨和继承，能避免创意因过于依赖具象形式体验而导致的内涵缺乏问题，也使创意成果得以可持续地加以演化。

2）利用衍生创意知识

（1）利用形态转译产生的知识

意象风格提示模型对创意知识的继承，是解读并提取出素材形象创意知识，并将之转移至模型形态用其重新解释的过程。因此，模型形态所含创意知识，既包括来源于素材形象并能体现其价值的知识，又包括来源于转译过程能体现素材衍生价值的衍生知识。衍生知识的产生虽然源于对素材形象创意知识的继承过程，但知识内容是独立存在的，只归属于模型本体。其包含解决创意知识继承问题的线索，可提示素材形象创意知识的潜在应用情境，从而帮助设计者更多地获得素材形象的应用价值和形态创意的创新机会。

（2）利用材料形变产生的知识

模型立体材料应用新的造型语言时，材料的物理空间属性将产生变化。这种变化兼具可控性和不可预知性，可控的材料形变能体现特定的造型语言，不可预知的材料形变则可形成非特定的新造型语言，从而使模型形态表达出新感性与语义，丰富了模型形态的创意可能。新造型语言具有新的表达机理，从中启发获得新的创意知识，成为素材形象可提供创意知识的有利补充。新创意知识的引入能使设计者形成对素材形象创意知识的新领悟，从中获得的新认识将拓展创意思路，因此需予以重视并加以利用。

5. 模型形态对比分析原则

意象风格提示模型由各素材形象形式内容的分析、提炼与综合得出其形态，应分析各模型形态间的异同点并加以利用。

1）客观看待模型形态的随机性

创意启发来源于不同素材形象的模型形态，所应用的具体造型语言不尽相同，语言表达对象及内容也可能存在差异。其中，相异的部分体现各素材形象的特色，相同的部分则是各素材形象造型语言共性的体现。由于创意活动兼具感性与理性，因而其创意结果具有一定的随机性，模型形态间存在的部分异同即属随机的结果。因此，相同素材所启发形态不同及不同素材所启发形态相同的情况均可能出现，应客观看待这一现象。

2）利用不同意象模型形态的异同点

相同素材所启发形态不同时，各形态的形式要素设计特征虽然存在差异，但各形态创意所体现的其他形式内容（造型语言、感性与语义等）是高度一致的，因此，对不同形态的比较能确定哪些设计特征的存在不具必要性，将之去除后可得到更精简的模型形态。

不同素材所启发形态相同时，通过相同形式要素设计特征去推理各素材在造型语言、感性及语义上的契合点，能够重新认识素材形象形式内容的价值，也为后续创意提前储备相关创意知识。

2.2.3 意象风格提示模型的选材

1. 模型材料的应用特点

意象风格提示模型使用多种材料表现其形态，是使之满足复杂创意需求的常用手段，应用多种材料制作的模型形态具有一定的创意优势。

意象风格提示模型的创意素材形象主题多元且形式多样，由各式形象启发创意面临复杂的创意需求。此时单一材料的外观属性及加工特性往往难以满足需求，因此应用多种材料来制作模型是常用手段，由此不但能完整表现素材形象启发的多种形式要素设计特征的创意，还能由材料外观属性间的对比，快速解读出模型形态所表达的核心形式内容，将模型用于后续创意更直观、高效。

2. 材料选用的基本原则

1）材料语言表达一致性

意象风格提示模型制作材料的固有造型语言与素材形象语言应类似，以便材料通过简单加工即可达成素材形象提示的感性与语义目标。

材料自身外观的独特性可视为特定造型语言的应用结果，也可视为材料固有造型语言的体现，固有语言使材料外观表达出特定的感性和语义。当材料固有语言和目标语言（提炼自素材的造型语言）所表达的内容相同时，材料外观不经加工即可直接表达出目标感性和语义，此时已完成创意目标，可直接视作模型的最终创意形态。

但在现实中，往往不存在和目标语言在表达内容上完全相同的理想材料，因此，只能选择语言表达内容具有一致性的材料用于创意，由此仍然可以大幅度提高创意效率。当材料语言表达内容和目标语言趋于一致时，材料的轻微形变即可达成创意目标，而这仅通过材料的简单加工就能实现。此外，在材料语言向目标语言转变的过程中，还能发现提示目标语言表达机理的线索，无疑将对当前及后续创意起到重要的启发作用。

2）材料外观连续变化性

意象风格提示模型的制作材料，在其固有造型语言向目标语言转化的过程中，其外观应能产生较连续的变化，以便从中发现语言向更高级形态演化的可能。

造型语言表达机理分析的内容不仅涉及需定性的对象，还涉及需定量的对象，因此，外观具有连续变化性的材料更易得出全面、精确的分析结论。材料造型特征的量变积累到何种程度才能导致质变，这类定量问题若能有基于客观事实的答案，无疑将增加可信度，而外观连续变化的材料恰恰能够提供所需客观事实。此外，在知晓这类定量问题的答案后，设计者得以明确造型语言在不同状态表达效率上的差异，加之连续变化中的材料外观指明了其造型语言的趋势，因此即可快速判断语言将处于何种状态，是否在向更高级形态演化也一目了然。当材料形变可以快速还原时，更有利于对比语言的表达效率，从而能够更快地发现语言向更高级形态演化的可能。

3）材料的语言快速应用性

意象风格提示模型的制作材料应能满足目标造型语言的描述需求，并能通过简单工艺实现形变，以便快速体现完整创意。

目标造型语言对模型形态的描述以模型材料为介质，模型材料的特性应能满足目标语言对其形态提出的各类描述需求。另外，材料的形态及其变化是加工工艺应用的结果，能够通过简单工艺实现材料形变意味着能快速得到模型形态，这无疑将加速创意过程。

2.2.4　意象风格提示模型的制作内容及方法

1. 模型制作所涉及的创意内容

意象风格提示模型制作所涉及的创意内容包括：分析并提取造型语言核心表达单元、分析并明确造型语言表达机理、明确感性主题和核心语义片段、确定目标造型语言、表现目标造型语言、演化目标造型语言、优化模型形态等。

1）分析并提取造型语言核心表达单元

素材形象来源广泛，其造型语言未必简练，可能拥有感性主题与核心语义表达所不必需的冗余语汇，因此，为使后续构思更高效，需要从素材造型语言中提取出核心表达单元。

形式要素的设计特征是造型语言的描述结果，选择何种形式要素并赋予其何种设计特征，将直接体现造型语言的应用思想，使之成为回溯造型语言的重要线索和依据。因此，为从素材造型语言中提取出核心表达单元，需先明确主要形式要素及其典型设计特征，然后通过要素特征及其关联分析来推断所应用的语汇及其表达逻辑，最终由筛选出的语汇来构成造型语言核心表达单元，从而完成该单元的提取。

（1）明确主要形式要素

形式要素是造型语言的描述对象，造型语言对不同形式要素的特征描述通常有所侧重，重点描述的形式要素将有更为显著的特征。这类要素成就了素材形象的感性与语义特色，也在一定程度上决定了感性与语义内容，可视为主要形式要素。因此，形式要素的主、次可通过特征显著度来快速判别，另外，为使素材形式要素特征的形式更易于解读，在判别前需视情况对素材形象进行适当的预处理。

（2）明确典型设计特征

当素材形象的形态较复杂时，其特定形式要素通常将含有多项设计特征，保留其中的次要设计特征将使造型语言的推理更复杂，也不会为其核心表达单元的提取带来实质性意义，因此，为缩小推理范围并提高提取效率，可仅将主要设计特征作为分析对象。

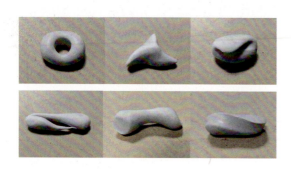

形象的感观属性由其所含设计特征来表达，其中对表达起决定性作用的是典型设计特征。典型设计特征是一个相对概念，仅针对某一特定感观属性的表达而言。适合表达特定感性的设计特征往往存在于特定范围，在范围内选取的设计特征即为典型设计特征。设计特征的典型性体现在其相对其他特征具有更高效感性表达的明显优势，换言之，这种优势是否存在意味着设计特征是否典型，进而决定其对感性表达是否起作用，因此可作为判别典型设计特征的依据。

值得注意的是，当某一特定形式要素的多项设计特征均体现出典型性时，考虑到造型语言的分析难度和效率，仍然有必要对其多项典型设计特征进行横向对比分析，从中

选出最具感性表达优势的设计特征供后续分析。

（3）提取造型语言核心表达单元

所提取的造型语言核心表达单元应能满足素材主要
感性及语义的表达要求，其必要条件是语汇组织符合表
达所需逻辑。此外，形式要素及其设计特征只能提示语
汇的空间，但仅靠自身概念界定不了语汇在其中的具体
位置，因此所提示语汇往往不具有唯一性，需应用规则
来筛选并明确，从而需从形式要素及其特征提示的语汇
空间内，搜索出符合表达逻辑的语汇组合，然后由其形
成造型语言核心表达单元。

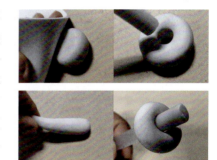

提取造型语言的核心表达单元面临的关键问题是如何确定语汇空间及如何确定表达逻辑。
前者答案通过对形式要素设计特征的直接观察和逆向推理即可大致明了，后者答案则需通过
形式要素设计特征间的关联分析来推断。

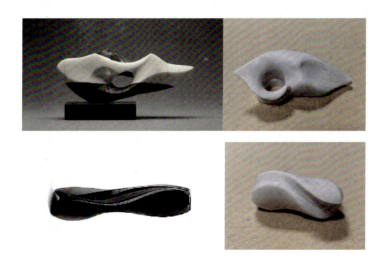

2）分析并明确造型语言表达机理

素材所含设计知识中最具指导性的部分即为感性与语义的表达机理，是后续创意所需理
性知识的重要组成部分。这部分知识无法通过感官获取的形式内容直接得出，需要应用科学
的方法并结合相关知识和经验加以推导才能获取。

形态创意对造型语言表达机理的研究，致力于挖掘素材形象主要感性与语义和其造型语
言核心表达单元间的关联机制。值得注意的是，在机理研究中不但涉及单个素材形象，还需
纳入全体素材形象，因为全体素材形象形成的感性主题和核心语义才是后续创意继承的目标
对象。客观来说，在各素材形象千差万别的情形下，其造型语言、形式要素及其特征、感性
及语义等均可能存在差异，对各素材进行表达机理的单独研究终究难以体现素材的整体价值
和意义。

将全体素材形象纳入机理研究范围，就是从全体素材提供的形式内容中查找各素材语言表达机理的异同，聚焦于其中共性的部分并将之罗列、分析、综合并最终提取出来，形成全体素材形象造型语言表达的通用机理，以备后续指导创意。

素材形象中的表现机理客观存在，机理研究的工作仅将客观机理提取出来，而非通过主观来创造。机理研究挖掘形象特定形式内容间的关联机制，这些特定形式内容除包括之前已明确的造型语言核心表达单元、主要形式要素及其典型特征外，还包括尚未明确的感性和语义。因此，在机理研究阶段，需首先对各素材形象的感性和语义进行分析，从而明确其主要内容。

（1）确定主要感观属性

全体素材的感性主题是选择素材的依据，因此已在搜集素材前确定，此时主要感观属性的确定是针对各素材形象而言的。

特定素材形象具有特定的感性空间，因此针对各素材形象需分别设定其感性空间。感性空间通过一系列感性关键词来整体描述，经聚类分析后可将所有关键词用若干关键词代表，即可确定为形象的主要感观属性。

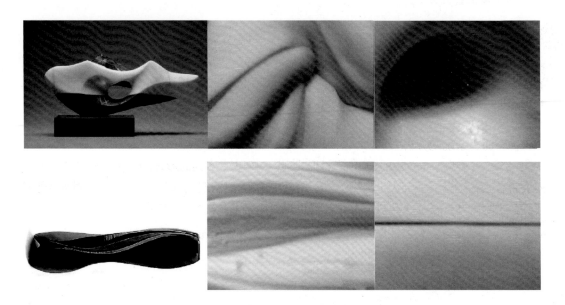

（2）描述主要造型语义

对素材形象造型语义的描述，建立在造型语言核心表达单元的合理解读基础上，单元内语汇及其组合逻辑是主要的解读内容。语汇的概念内涵及语汇组合反映的基本逻辑思想，能提供解读核心表达单元的明显线索，在线索指引下即可推导出核心表达单元的具体意义。这种从概念和逻辑上进行的推导属于常规解读方式，适用于所有造型语言的解读。

语言核心表达单元内语汇及其组合逻辑，在某些特定应用情境下能体现出显著价值和意义。因此，理解这些典型应用情境的共性特点，是深度解读语言核心表达单元的关键，由此能够挖掘出核心表达单元的中心思想，利于突破常规解读结果过于模糊抽象、缺乏合理价值及意义等可能的困境。

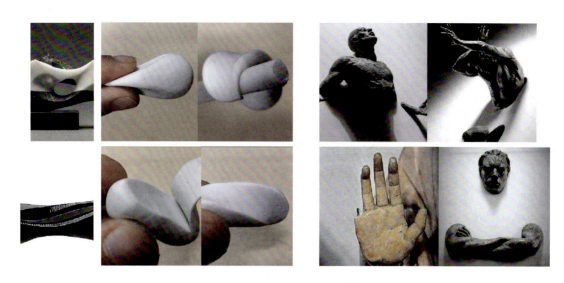

（3）创建素材形式列表并分析表达机理

① 素材形式列表的内容

如果说前述环节探讨的是表达主体、对象与内容，使设计者加深对素材形象的认识，那么机理分析环节则探讨的是表达的规则及原理，使设计者获得创意所需理性知识。素材形象的形式表达中，造型语言是表达主体，形式要素及其设计特征、感性及语义是表达对象，因此，其表达机理即为造型语言表达上述对象具体内容的规则及原理。

为全面、系统地分析素材形象的表达机理，可将从形象提取的表达主体与对象的内容通过图表形式罗列出来，这类图表称为素材形式列表。列表中罗列的形式内容涉及全体素材形象，列表将各素材形象的形式内容纵向排列，能直观体现各素材形象的异同点，通过对列表形式内容的全局查找、对比、分析与总结，可以快速明确形式内容的属性，从而有利于得出更为准确的表达机理分析结论。

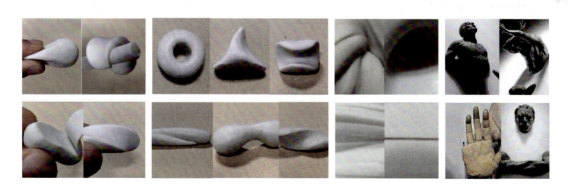

② 表达机理的类型

表达机理分为通用表达机理和特有表达机理。前者属于造型语言表达所需的普遍性知识，书中所述即为此类知识，掌握此类知识是应用造型语言有效表达的基础。后者属于特定造型语言表达所需的专属性知识，由特定案例的理论及应用分析得出，掌握这类知识是应用特定造型语言实现高效表达的必要条件，因此这类专属性知识成为创意过程中机理分析的主要知识探讨类型。值得注意的是，后者知识只是前者知识结合特定造型语言的表达特点所做出的具体化描述，因此前者知识是后者知识的内核，应予以高度重视。

③ 机理分析的主要内容

在所有表达对象中，感性和语义的表达效果决定创意目标的达成度，两者表达机理的研究尤为重要。此外，造型语言的变化对感性与语义表达产生何种影响，以及感性与语义的特定表达对造型语言提出何种要求等问题，均属于创意过程中待思考的重要问题，这类理性问题的解决需要设计者明确造型语言和所表达感性与语义之间的关联机制。因此，此关联机制成为机理分析的重点挖掘对象，其知识探讨与获取是机理分析的主要工作内容。

3）明确感性主题和核心语义片段

感性主题和核心语义针对整体素材形象而言，是由全体素材形象统一指向的感性与语义表达内容。感性主题和核心语义片段的表达是意象风格提示模型形态的创意目标，即使这类模型形态以单例素材为形式内容来源，其创意目标仍由全体素材共同决定。因此，在明确单例素材形象造型语言及其表达内容、规则与原理后，还有必要明确感性主题和核心语义片段并将之设定为模型创意目标，从而使模型创意在继承单例素材形象核心创意知识的同时，也能体现其他素材的创意价值和意义。

所有素材形象表达的感性与语义内容，其元素不尽相同但却可能具有类似的概念内涵，其中核心内容元素的概念内涵往往能够涵盖其他内容元素。此外，产生核心内容元素的必要条件是各素材形象语言间存在相关或类似的语汇及其组合逻辑，且语言表达的形式要素设计特征能产生相关或类似的感知体验，这一条件将使核心内容元素以相关或类似概念的多种形式重复出现。因此，概念相关性或类似性和出现频率，将共同作为辨识核心内容元素的重要依据。

4）确定目标造型语言

前述环节已获取到各素材形象造型语言的核心表达单元，并分析了其表达机理，但上述单元如果直接用于模型形态创意过于片面，创意结果也往往不能体现全体素材形象创意知识的价值。因此，设计者需考虑全体素材形象形成的感性主题和核心语义，将之用于修正之前提取的造型语言的核心表达单元，从而得出模型形态的多种目标造型语言。

　　首先，对各素材的形式要素及其设计特征的表达作用分别进行分析，分析其对感性主题和核心语义的表达各起到何种作用，通过对比将对象区分出主次。值得注意的是，主次区分仅限于单例素材形象范围之内，并非全体素材形象间的全局对比分析。

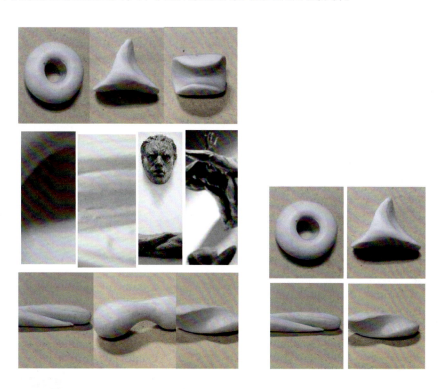

　　然后，将各素材形象被区分出的主要对象内容完整保留，次要对象内容的更改则需纵向参考其他素材。由于对象主次在不同素材中表现不一，其他素材的相应对象内容可能具有较强表达作用，因此可将这部分内容借鉴过来用作内容替换。

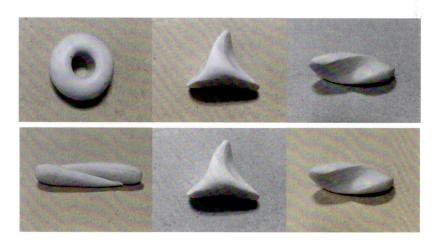

　　最后，将各素材形象已更新的形式要素及其设计特征内容，推理至其各自核心造型语言表达单元，改变其构成并重组，从而确定模型形态的多种目标造型语言，分别用于后续描述

不同的模型形态。

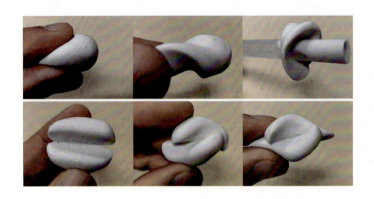

上述过程需要应用造型语言表达机理等知识来推理，具体手段和前文所述一致，故不再赘述。

5）表现目标造型语言

（1）筛选可用材料

根据造型语言的形态描述需求，确定模型材料应有的外观属性和加工特性，据此罗列可用材料并结合工艺要求进行对比和评估，从中筛选出最适宜的若干材料用于模型形态的创意。

（2）避免特征加工冲突

将造型语言描述的形态创意体现于模型，需要合理解读并应用造型语言，同时需考虑模型工艺可能导致的问题。造型语言描述模型形态时，其表达的形式要素特征处于不同构思等级，高等级特征约束低等级特征，并使不同特征在模型中形成物理关联。如何高效地将语言所描述形态体现于模型材料，并避免材料表现不同构思等级设计特征时可能出现的加工冲突，是设计者用造型语言描述材料形态时必须思考的创意表现问题。

（3）表现形式内容探讨结论

意象风格提示模型的形态创意，是对素材形象形式内容进行分析、提炼与综合以获取其核心成分，并将之表现于模型形态的过程。创意构思和创意表现是模型形态创意不可分离的两个部分，为使两者相互促进，可借助表现手段来推进创意构思过程，同时也可提炼构思来简化创意表现内容。因此，模型制作在对素材形象的形式内容进行探讨阶段即可介入，以使探讨结论更具象、直观。这类模型的表现结果可作为素材形式列表的内容元素，用于从中解读出语言表达机理、核心感性与语义等创意知识。

素材形式内容的探讨结论是分环节输出的，结论多描述形式内容中的单个对象。结论作为模型形态的特定表现对象，设计者应保证模型形态能够突显该对象，使之不会受其他形式内容干扰。举例说明，如果对主要形式要素及其典型设计特征的探讨结论为型面扭曲幅度大，那么对此结论的模型表现就应尽可能降低在比例、轮廓等其他形式要素方面的特征显著度。

（4）表现造型语言

① 按照形式要素创意等级表现

当明确目标造型语言后，模型的创意表现即有了完整的形式内容表现对象，此时，应把握据语言描述的形式要素对象的创意等级，依据其等级依次进行创意表现。例如，比例的创意等级较高，形态的轮廓应在比例的约束下表现才能保证创意的有效推进。

② 以满足语言表现需求为中心

用模型形态表现形式内容应以满足造型语言的表现需求为中心。造型语言是形式内容的表达主体，由它决定形式内容的具体内容，因此，模型形态表现形式内容时，应着眼于满足造型语言的表现需求，在此前提下再考虑形式内容表现如何和造型语言表现相兼容。举例说明：假定造型语言的描述为将对象 A 用对象 B 包裹后挤出，且该语言表达的感性关键词包括锋利，那么在表现时应先考虑如何体现包裹和挤出两种手法及它们的先后顺序，确定思路可行后再考虑将锋利的感觉引入造型并保证与之兼容。

6）演化目标造型语言

模型形态需表现特定的目标造型语言，但目标造型语言所表达的形式内容来源于素材形象，其中形式要素设计特征的典型度可能偏低，这会造成目标造型语言的表达效率不够理想。此时需要通过调整特征的典型度来提高语言的表达效率，这即是演化造型语言的过程。

（1）明确语言演化策略

明确语言演化策略之前，首先应评估模型材料支持目标造型语言演化的能力，以确定造型语言演化的可行空间。当材料固有造型语言与目标语言在表达上具有一致性，且其外观能产生连续性变化时，材料往往能快速体现目标语言表达的形式内容，也使设计者更易发现语言向更高级形态演化的可能，此时演化造型语言的可行空间较大，应专注对比以确定更合理的演化方向。当不具备以上条件时演化可行空间较小，应专注探索以使语言获得尽可能多的演化机会。

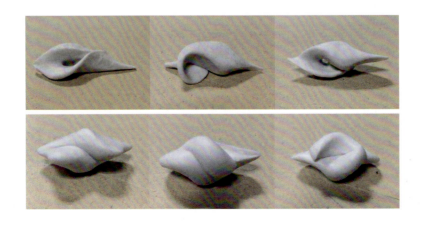

（2）尝试造型语言演化

造型语言的演化目的是使语言具有更高的表达效率，除应使材料外观连续变化外，还应不断还原材料外观，从而通过表达效率的快速对比来发现更多的演化可能。此外，语言演化专注于提高形式要素设计特征的典型度以获得更高的表达效率，因此应保留特征的必要属性并提高其属性值。

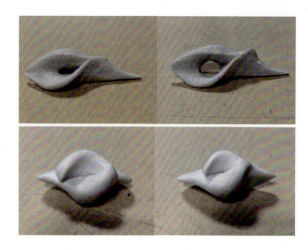

7）优化模型形态

将创意构思所得多种目标造型语言分别表现于各模型形态后，模型形态得以表达单例素材形象的主要形式内容并体现其价值。此时各素材形象对于核心创意知识的贡献还未完全明确，各模型形态将缺乏准确的价值定位，这种情况易导致创意失去应有重心。因此，有必要通过不同模型形态间的对比，来明确各素材形象对于核心创意知识的贡献内容与程度，使各模型形态具有准确的价值定位，从而有利于修正各模型形态的创意重心，为实现模型形态的合理优化提供条件。

（1）分析各素材形象的创意知识贡献

各模型形态分别继承了对应素材形象的主要创意知识，全体模型形态的共性创意知识即为核心创意知识。因此可通过各模型形态创意知识对共性创意知识的覆盖情况，来判断各素材形象对于核心创意知识的贡献。

模型形态的创意知识既包括形态立体构成、形式要素及其设计特征、感性与风格等感性为主的知识，又包括造型语言构成、语言表达机理等理性为主的知识，因此，针对创意知识的对比分析所涉项目较多，设计者需结合感性思维和理性思维对其加以判断。

（2）明确各模型形态的价值定位并优化创意思路

由上述分析可得出各素材形象的知识贡献内容，经对比后可了解知识贡献程度，据此能够明确各模型形态的价值定位。模型形态的价值定位即是所表达形式内容的价值定位，需明确模型形态的造型语言、形式要素及其设计特征、感性与语义等在后续创意优化中的应用价值高低，依此得出优化模型形态的创意思路。

2. 模型制作所涉及的创意方法

意象风格提示模型制作所涉及的创意方法包括提取主要形式要素、提取典型设计特征、提取造型语言核心表达单元、分析造型语言表达机理、确定感性主题与核心语义、表现形式内容、演化造型语言等。

1）主要形式要素的提取方法

（1）素材形象预处理

素材形象包括二维形象和三维形象，两者所涉及的形式要素存在差异，前者主要包括构图、色彩、明暗及形状等，后者则主要包括比例、轮廓、型面、线型及其组合图形等。素材形象提供创意所需知识，形象形式要素及其特征需要转化为易于知识解读的形式，且能够直观、显著地反映其核心内容，因此无论是二维形象还是三维形象都需要视情况进行适当的预处理，以使知识解读高效。

① 二维形象预处理

素材二维形象预处理主要实现形象的立体转化，以便形成立体形式内容，对立体形式内容的探讨才能解读出形态创意所需的知识。形象立体转化的可行性是首要问题，通过形象所具有块面感的显著度即可大致判断，如显著度不够则需考虑更换素材，以免浪费时间和精力。

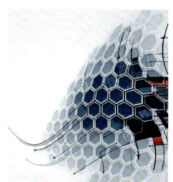

另外，为保证素材二维形象立体转化过程的合理性，设计者应把握初始形象的整体性形式特征，确保立体转化结果对形象核心创意知识的继承。二维形象立体转化的成效有赖于设计者的知识和经验，应用视觉经验进行类比联想是实现立体转化的必要方式，同时也是获得形态雏形的高效手段。形态转化的最终结果必然受主观因素影响，在客观分析成效的同时应理解其存在多样性。

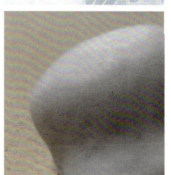

② 三维形象预处理

素材三维形象预处理的目标是使形象更明确、显著地反映其核心形式内容，设计者只有通过对核心形式内容的探讨才能解读出素材形象提供的核心创意知识。当三维形象存在形式要素模糊、造型特征冗余、形态细节繁杂等情况时，不利于其核心形式内容的解读，对素材图片形象进行适当编辑有助于改善此类情况。

（2）确定主要形式要素

素材形象形式要素的主次可通过特征显著度来快速判别。特征显著度表示特征得以相互区别的能力水平，特征通过其属性或属性值得以相互区别，特征的属性或属性值越与众不同，其显著度越高。通俗来讲，特征显著度越高，意味着特征更明显，更能引人注目，因此，主要形式要素即为所有形式要素中常引人注目的那部分对象，也可理解为异于常规的那部分对象。

对素材形象的观察是视觉认知形象的过程，为真实了解视觉的关注热点需跟踪其活动轨迹，可在形象观察过程中通过实时的口语描述将之记录，从报告内容可获知素材具有哪些显著特征，再经简单的逻辑分析即能明确特征的形式要素归属，从而确定主要形式要素。

2）典型设计特征的提取方法

单个设计特征是否较其他特征更有高效感性表达的明显优势，可作为判别设计特征典型性的依据。通常特征属性较单一且其赋值较高的设计特征表达感性更高效，但这基于特定前提，即用于分析的特征属性为感性表达的必要条件而非无关因素。举例说明，当某一型面的特征属性同时包括弯曲度和收缩度时，它相对于仅有弯曲度的型面而言更易用于快速表达柔软感，而柔软感由包括型面弯曲度在内的因素所导致时，才能通过前述推导得出该合理结论。

在前述前提下，通过属性单一程度及属性值的对比，即可明确哪一特征更具有典型性。另外，易于用口语描述的设计特征往往符合典型性判别规则，因此，可通过查阅前述口语描述报告加以明确。

3）造型语言核心表达单元的提取方法

提取造型语言的核心表达单元所面临的关键问题是如何确定语汇空间及表达逻辑，前者的答案通过对形式要素设计特征的直接观察和逆向推理即可大致明了，后者的答案则需通过形式要素设计特征间的关联分析来推断。

（1）确定语汇空间

特定形式要素设计特征可理解为某一造型手法运用的结果，该造型手法即为用于表现该设计特征的语汇。探索设计特征和造型手法的对应关系是推理语汇的必要准备，为确定特定设计特征究竟能通过哪些典型的造型手法生成，设计者需要结合日常积累的与塑形相关的知识与经验进行合理分析和逆向推理。当自身能力不足以应对问题时，可借助黏土、油泥等可塑性较强的材料进行塑形的正向尝试，当材料能生成所指定的设计特征时，即表明其上运用的造型手法适用，可将之描述成相应词性的语汇。

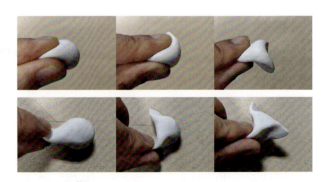

单项形式要素设计特征经探讨得出的对应语汇通常无须超过 2 个，和其他探讨项目所得

语汇组合后，构成的语汇空间较简单，利于用后续确定的表达逻辑来快速推理语汇组合。从逆向推理和正向尝试得到的语汇应进行筛选，从中提取出和特征存在典型对应关系的语汇，用于构成更契合素材创意价值的语汇空间。

（2）确定表达逻辑

语言的表达逻辑是选择并组合语汇的依据，是串接多种造型手法生成特定设计特征组合所应运用的规则。因此，可从特定设计特征组合内部的关联分析来推断造型手法运用的规则，从而确定语言的表达逻辑。

设计特征组合由多项形式要素设计特征构成，各形式要素存在构思和表现等级上的差异，使设计特征组合的生成也具有特定逻辑。这种特定逻辑即为设计特征组合内部存在的特定关联，可以此推断出语言的表达逻辑。因此，可罗列出多项形式要素设计特征，根据各形式要素等级依次考察其设计特征的生成逻辑，选择其中不具有逻辑冲突的部分并将之合并。合并所得即为设计特征组合的生成逻辑，同时也表明了造型手法的运用规则，即确定了语言的表达逻辑。

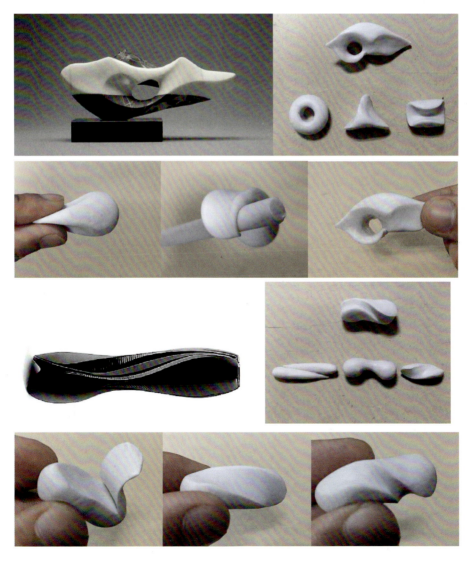

4）造型语言表达机理的分析方法

机理分析的重点挖掘对象是造型语言和所表达感性与语义之间的关联机制，其知识探讨与获取是机理分析的主要工作内容。

（1）明确感性关联机制

明确感性关联机制的目的是认识语言与感性的相互牵连和影响。语言具有抽象度，而感性是对形态感观认知产生的结论，非逻辑推论，因此两者的关系需借助更具体的形式要素及其设计特征作为中间物来推理。感性作为影响语言的动因或语言影响的结果，则仍靠设计者对创意目标和形态感观的认知来判断其应具有的特征和趋势。通过推理和认知相结合的方式，即能明确语言与感性的相互关系，从而确定感性关联机制。

（2）明确语义关联机制

明确语义关联机制的目的是认识语言与语义的相互牵连和影响。语言所表达的意义能通过语汇及其组合逻辑的提示来推导，但也受语言解读者个人理解和思维模式的影响，因此语义由特定的逻辑范畴来约束且不具有唯一性。语言的更改只要不造成其语义逻辑范畴的变化，那么其推导可得出和原语言相同的语义，反过来说，语义的更改只要不超出其原有逻辑范畴的推导范围，也可用原语言予以表达。例如，某语言的描述为对象 A 在对象 B 的作用下被拉高，其语义可解读为帮助提升，将该语言更改为对象 A 在对象 B 的作用下悬空，其语义仍可做出相同解读，而将上述语义更改为被迫服从时，仍然可用原语言来表达。由此可知，语义是否会产生变化及语言是否需要重定义这类问题，设计者通过语义逻辑范畴的相关分析即可找到答案。

此外，语言更改究竟会造成语义上的何种变化，以及语言应采取何种定义才能适应语义的更改，这类问题的解答有赖于对语义关联机制更深入的探讨。语言的语义推导离不开语汇及其组合逻辑的提示，因此语言和语义两者之间的关系可借助语汇来推理。语义的推导过程及原理在前述环节已介绍，应用语义推导知识即能明确语言和语义的相互关系，从而能够确定语义关联机制。

5）感性主题与核心语义片段的确定方法

对感性主题和核心语义片段的提取需要借助前述素材形式列表，该列表已将所有素材形式内容罗列出来，其中包括各素材所表达的主要感性与语义。感性与语义的内容元素分别为感性关键词与语义片段，需将同时具有概念相关性或类似性及较高出现频率的元素，在素材形式列表中标记并提取出来，然后结合这些元素最终确定感性主题和核心语义片段。

6）形式内容表现方法

（1）选择模型材料

材料经简单加工即可反映素材感性和语义,这是意象风格提示模型选用材料的突出特点。模型选材无须局限于常用模型材料,各种适宜的易得材料均可应用。另外,设计者可从素材形象获得直接启发,寻找与素材形象用材类似且易于手工加工成型的材料用作模型材料,所选材料通常会具有与形象类似的形式内容表达功能,利于提升模型形态的创意效率,因此设计者应对这种快捷容易的选材方法予以重视。

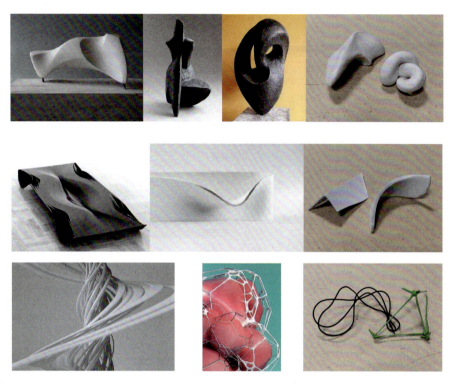

（2）突显形式内容

模型制作在对素材形象的形式内容进行探讨的阶段即可介入,以使探讨结论更具象直观。探讨结论多描述形式内容中的单个对象,形态表现应保证该对象在模型形态中能够突显。

① 主要形式要素及其典型特征

主要形式要素及其典型特征的突显是进一步强化特征的典型性。提高表达感性与语义的效率是强化特征典型性的手段,因此,仅保留特征表达感性与语义的必要属性并提高其属性值,可以强化特征典型性。

② 造型语言核心表达单元

造型语言核心表达单元由若干语汇组成,语汇可视为用于定义造型手法的关键词,因此语言在模型上的表现需能定义造型手法,它是语言实际应突显的表现内容。将反映造型手法典型应用的线索尽可能多地布置于模型,即是突显造型手法的方法。

③ 主要感观属性

主要感观属性的突显是将模型形态的设计特征设置为更适合感性表达的特征。应在适合该感性表达的设计特征范围内，选取出表达效率较高的设计特征，将之表现于模型即可突显感性。适合特定感性表达的设计特征，可从具有该感性体验的典型情境的主要形象物中提取，提取后再比较其表达效率即可明确典型设计特征。将这种特征赋予模型形态即可突显主要感观属性。

（3）表现造型语言及其他形式内容

当明确目标造型语言后，模型的创意表现即有了完整的形式内容表现对象，此时，应把握语言描述的形式要素对象，依据其创意等级依次进行创意表现。此外，模型形态表现形式内容时，应着眼于满足造型语言的表现需求，在此前提下再考虑形式内容表现如何和造型语言表现相兼容。

① 表现造型语言

立体形态的形式要素包括比例、轮廓、型面、线型及其图形等，其创意等级依次下降，按此顺序依次进行其上造型语言的表现，才能尽可能避免所生成设计特征间的干涉。比例和轮廓的创意表现兼顾整体与局部，应主要将造型语言中和尺寸、位移、数量、对象等类似的概念用于描述模型形态。型面、线型及其图形的创意表现多为局部塑造，应主要考虑和方向、动作、速度、节奏等类似概念的形态描述。

② 表现其他形式内容

表现造型语言时，应同步考虑其他形式内容表现和语言表现可能存在的兼容问题。兼容问题主要表现为设计特征表现缺乏一致性，其产生根源是语言表现时对模型形态设计特征的定义过于孤立，未能为待表达的素材设计特征提供有利的基础。因此，为避免兼容问题，需要结合素材特征思考语言表现中的特征定义，定义特征时应使之具有和素材特征相同的属性。

7）造型语言演化方法

模型材料表现目标造型语言时，应重视观察材料形变过程并从中获取提高语言表达效率的线索或提示，以便发现目标语言向更高级形态演化的可能。

（1）明确材料形变方向

材料形变是造型语言演化的表现手段和结果，选择何种形变方向才能有效提高语言的表达效率，是语言演化前需明确的重要问题。可将模型制作中材料的不同形变状态用拍照、复制等方式或手段予以记录，然后分析所记录内容表达特定感性与语义的效率。通过记录内容和分析结论的综合对比，即可明确为获得理想的语言演化结果所应选择的合理形变方向。

上述分析型模型，既包括现有表现目标语言的模型，也包括为分析形变方向而单独制作的模型，它是为表现目标语言和分析形变方向，将语言表达的设计特征定义为不同状态而形成的一系列模型。这类分析型模型在分析完成后，经适当变形还可用于后续创意。

（2）实施造型语言演化

上述分析型模型记录了材料的不同形变状态，同时通过设计特征的不同状态表现目标造型语言。这类模型形态普遍较简洁，虽然其目标语言的表现处于不同状态，且实际用于表达特定的目标感性与语义时存在效率差异，但从理论上理解均是目标语言的某一高级状态，能够表明目标语言的各种演化可能。

在这些可能中能使目标语言高效表达特定感性与语义的部分，即为较理想的演化结果，可予以保留并用于后续创意，而其他部分虽然不甚理想但也足够简洁、高效，其来源形态（分析型模型形态）经简单形变即可用于演化目标语言并输出理想结果。因此，利用这类分析型模型的现有形态，将之朝语言合理演化所需形变的方向变形，能快速生成目标语言的理想演化结果。

2.3 造型语言探讨模型

2.3.1 造型语言探讨模型的制作价值

造型语言探讨模型是对多个意象风格提示模型的造型语言进行分解后，将所得造型语汇重组为能够表达特定感性主题和目标语义且具有严密逻辑性和高效表达性的造型语言，并用之描述适宜材料的形态，所生成的具有明确造型主题和产品原型造型特征的模型。

1. 提高造型语言易用度

造型语言探讨模型是基于意象模型（意象风格提示模型的简称）所制作的构思草模型，它能转化意象模型中难以沿用至目标产品的造型语言，从而使形态创意过程得以顺利推进。

1）提供解决语言易用性问题的途径

各意象模型的造型语言不尽相同，由它们描述的造型概念会有差异，需要用新造型语言整合不同概念来体现全体意象模型的创意价值。造型语言探讨模型所表现的造型语言即经概念整合，能聚焦表达全体意象模型语言共同诠释的感性主题和核心语义，既能体现全体意象模型创意价值，又使之用于后续创意能更具全面性和针对性。

（1）调和语言表达冲突

各意象模型形态的形式内容主要来源于相应素材形象，其造型语言不尽相同，且相互之间可能存在感性与语义表达上的逻辑冲突。造型语言探讨模型以合理逻辑整合不同造型语言描述的造型概念，从而规避了它们之间可能存在的表达冲突。经概念的逻辑整合形成的新语言，不仅能表达从原语言描述中提取的重要造型概念，而且能更完整地表达目标感性和语义。

（2）调和语言信息量

各意象模型形态的造型语言所描述的造型概念，其内容所包含的信息量也可能存在差距，不经规范地用于后续创意将加大创意复杂度和难度。造型语言探讨模型将在语言的概念整合过程中规范内容信息量，形成的不同新语言得以描述信息量较为一致的概念内容。同时，新语言整合来自不同造型语言所描述的造型概念，相较于原语言具有更合乎目标感性与语义表达需求的造型描述能力。信息量一致且造型描述能力更合乎需求的造型语言，无疑将使后续创意获得更高质效。

2）提供提高语言易用度的方式和手段

（1）语言构成理性精炼

造型语言探讨模型精炼意象模型的造型语言，将各语言分解为语汇，然后对其进行筛选、替代及补充，形成新语言，使新语言不局限于单纯继承原语言的核心内容，而是在此基础上融入更多的理性思考，使之更易满足目标感性与语义表达的需求。此外，造型语言探讨模型形态概括简练且融入产品原型形态特征，因此其精炼的造型语言构成更加合乎后期创意需求，更易用于后期生成产品形态方案的创意过程。

（2）语言表达完整高效

意象模型的形式内容主要来源于单例素材形象，其造型语言以表达单例形象的主要感性与语义内容为主，用于表达全体形象共同诠释的目标感性与语义较低效。造型语言探讨模型以意象模型为基础继续精炼造型语言，根据完整表达目标感性与语义的需求来重新定义造型语言，使之具有更强针对性并体现全体意象模型价值，从而能更高效、完整地表达目标感性与语义。

2. 表达、继承与挖掘造型语义

造型语言探讨模型是以造型语汇为形式内容探讨的重要载体，所得形态创意既能继承意象模型形态的语义又能挖掘并表达新语义。

1）充分继承造型语义

造型语言探讨模型的造型语言来源于意象模型，是对意象模型造型语言的解构和重构。意象模型造型语言中表达素材感性主题和核心语义的成分，在造型语言探讨模型创意过程中被提取出来，并运用感性与语义的表达机理进行重新组织，所生成的模型形态得以充分继承意象模型造型语言的核心形式内容，其中包括核心语义。

2）完整表达并挖掘新造型语义

（1）完整表达目标语义

造型语言探讨模型将意象模型提供的多种造型语言统一分解为造型语汇，这些造型语汇经重新组合形成用于描述模型形态的新语言。新语言描述的模型形态得以汲取多种造型语言的有效成分，更易表达完整的目标感性和语义。

（2）挖掘新造型语义

意象模型造型语言经分解得到的造型语汇是更基本的造型概念描述单元，能灵活构建多种组合关系。语汇的多种组合既能描述原造型概念，又能描述完全不同的新概念。因此，模型除能重塑原语言表达的感性与语义外，还能挖掘并表达出新的感性与语义内容，这恰恰是完整表达目标感性与语义的必要条件。

3. 扩充并验证已有创意知识

造型语言探讨模型将产品原型形态特征作为重要的创意约束条件，使模型形态更贴近产品原型形态，从而实现了意象模型抽象形态向更具象形态的过渡，有效扩充并验证了已有创意知识。

1）扩充已有创意知识

造型语言探讨模型是介于意象模型和造型特征设计模型之间的构思草模型，需要探讨意象模型形态的创意知识进一步转译至产品形态方案的过程，其形态创意势必面临产品原型如何形成创意约束的问题。因此，此类模型形态的创意将受一定的产品原型约束，来自产品原型约束过程的知识将扩充已有创意知识。

2）验证已有创意知识

造型语言探讨模型的创意约束主要来自原型的形态特征，因此模型形态将一定程度地反映产品原型形态特征，从而使造型语言探讨模型形态更加贴近原型形态。此类模型相比意象模型形态更具象，实现了意象模型抽象形态向更具象形态的过渡，也验证了已有创意知识的科学性及其应用成效。

4. 形成高效创意过程及资源

造型语言探讨模型用造型语汇描述形式要素的设计特征，同时整合意象模型形式内容的核心资源，由此引导创意过程更理性高效，易输出更理想的创意结果。

1）高效引导创意过程

造型语言探讨模型以形式要素的设计特征为造型语汇描述对象，采取这种形态描述方式将使创意过程更系统化、结构化和规范化，由此引导的创意过程更理性高效。此外，造型语言探讨模型形态待表现的造型语汇主要来源于意象模型，这些语汇在意象模型中用于表达多样的设计特征，为造型语言探讨模型提供了丰富的特征资源，无疑也将使其形态创意更加自由、高效。

2）整合形式内容核心资源

造型语言探讨模型待表现的造型语言，其语汇由筛选、替代及补充意象模型语汇得出，且其目标感性与语义也提取自全体意象模型，是全体意象模型共同诠释的感性主题和核心语义。因此，此类模型的形态创意将整合意象模型提供的形式内容核心资源，从中挖掘出核心资源的创意知识并体现其价值。

2.3.2　造型语言探讨模型的制作原则

1. 目标语义定义原则

造型语言探讨模型形态的目标语义定义，应符合语义表达逻辑和创意目标定位的要求，同时应重视模型形态创意过程中发现的新语义价值。

1）满足语义表达逻辑和创意目标定位要求

造型语言探讨模型形态，需完整表达全体意象模型形态共同诠释的感性主题和核心语义，两者被视作造型语言探讨模型形态需表达的目标感性与语义。各意象模型的语义片段往往存在多种逻辑关联，语义片段经组合后也将产生多种语义结果，其中具有严密逻辑性且符合创意目标定位的部分，才能作为造型语言探讨模型的目标语义。

2）语义价值创新

造型语言探讨模型的目标语义，既可在意象模型语义的既有表达范畴内定义，也可视意象模型语义的衍生可能而添加新内容。前者可继承意象模型的既有造型语言，后者将使模型形态融入新语义价值成为可能。

2. 造型语汇组织原则

造型语言探讨模型的造型语汇来自经分解的意象模型造型语言，所得语汇被重新组织为模型的目标语言，其组织原则的定义应能符合目标语义表达的逻辑、强度等要求。

1）依据目标语义表达要求筛选语汇

分解多个意象模型造型语言所得到的语汇，其间很可能缺乏针对特定语义表达的逻辑关联，无法表达目标语义，甚至难以有效组织为语言。因此需要依据目标语义表达的合理度和强度等要求，筛选出能形成有效逻辑关联和高效表达目标语义片段的典型语汇，由此缩减语汇数量并减少其组织的可能尝试次数，从而快速得到能高效表达目标语义的语汇组织方案（即语言方案）。

2）适时用替代语汇描述设计特征

用特定语汇对不同形式要素的设计特征进行描述，当其概念和形式要素概念有交集时才能高效描述该形式要素的设计特征。举例说明，用按压这一语汇描述比例时，按压的概念直接涉及位移，可快速改变比例的特征，因而能够高效描述比例特征，而所用语汇为吸附时甚至无法描述比例特征。当语汇对特征描述的能力不足时，可用与原语汇应用情境类似的新语汇替代，使形式要素能表现出更显著的特征，从而提升模型形态对目标语义的表达效率。例如上例中的语汇，即可用拉拽替代吸附来描述比例特征，描述可行且效果更显著。

3）补充语言表达必要语汇

当待表达造型语言不足以准确表达特定目标语义时，在排除语汇与该目标语义表达的逻辑关联问题后，即可认定语言自身存在语汇空缺的情况，此时应添加合适语汇以补全语言。例如，某造型语言的描述为对象 A 在和对象 B 有一定距离时受到后者的牵制，该语言所需表达的语义为争取自由，在该语言内加入挣脱这一必要语汇才能准确表达该语义。

3. 造型语言方案筛选原则

造型语言探讨模型将语汇组织为语言方案，经筛选得到的若干语言方案应同时满足目标感性与语义表达的要求，形成构成差异化和表达一致化的语言方案将利于后续创意。

1）构成差异化

形态创意是发散性思维与收敛性思维相互配合的结果，要求对有限语汇空间内的若干语汇进行合理组织，以形成尽可能多样的语言方案供对比评价。

语言方案不同即意味着其构成存在一定差异，在表达特定目标的前提下寻求差异更大，将为探讨不同语言表达特定感性与语义的机理提供更有利的条件。差异化语言及其表达机理的对比分析能提供优化两者的方向和思路，从而提高语言方案表达目标感性与语义的质效。

2）表达一致化

不同造型语言方案应力求其在感性与语义表达上更为一致，有了统一的创意目标，才能更客观、合理地评价其表达主体，即不同语言方案的优劣。值得注意的是，表达一致化不包括形式要素设计特征的表达，其表达差异是体现不同语言方案特色的必要条件，使各方案具有了相应的辨识度。

4. 形式内容表现原则

造型语言探讨模型对形式内容的表现，需满足各形式要素设计特征无干涉、造型语言和其他形式内容的表现相兼容、契合产品原型形态特征等要求，由此提出的表现原则和意象模型部分保持一致。

1）依创意等级表现造型语言

造型语言探讨模型表现造型语言时，同样应依据语言描述的形式要素对象的创意等级依次进行创意表现。按照比例、轮廓、型面、线型及其图形的顺序依次表现其上的造型语言，才能有效避免生成设计特征间的干涉。

2）结合意象模型定义设计特征

造型语言探讨模型形态表现形式内容时，同样应着眼于满足造型语言的表现需求，在此前提下再考虑形式内容表现如何和造型语言表现相兼容。为避免兼容问题，需要结合意象模型的典型设计特征去思考语言表现中的特征定义，定义特征时应使之具有和意象模型典型设计特征相同的属性。

3）契合产品原型形态特征

造型语言探讨模型形态表现造型语言及其他形式内容时，需使模型形态大致契合产品原型形态特征，以实现此类模型的创意应用价值。为契合产品原型形态特征，应将产品原型形态特征作为语言表现的约束条件，将此约束用于待表达形式要素设计特征的创意过程。

5. 造型语言方案优化原则

造型语言探讨模型的造型语言方案优化，依赖不同方案的共性创意知识与经验，应定义不同创意空间以便知识挖掘与识别，并通过对比分析得出优化方向。

1）定义不同创意空间

不同语言方案的构成存在差异，应据此定义出不同创意空间供形式内容的针对性探讨，以便挖掘出分属不同空间的特有创意知识与经验。此外，这些创意知识与经验间存在的交集往往为优化语言方案提供了依据，加之它使不同创意空间相互贯通，因而对不同语言方案的优化得以共用创意知识并同步解决部分问题。

2）对比分析并优化语言方案

对造型语言探讨模型的造型语言方案优化，应对比分析得出各方案的共性特征和其表达效果的优劣势，并从对比结论和各语言方案的已知构成来推导出语言的优化方向，以便据此输出更优方案供后续创意。

2.3.3 造型语言探讨模型的选材

1. 模型材料的应用特点

造型语言探讨模型的形态创意来源于全体意象模型，表达相同的目标感性与语义，运用统一的评价标准。为便于用统一标准来评价目标感性与语义的表达效果，通常选用常规模型材料来制作模型以规范其形态表现形式。此外，在选用常规模型材料的基础上，往往将外观独特且与造型语言相匹配的非常规模型材料作为附加材料，用于表现模型局部特征，从而体现出各模型的不同感性特色。

2. 材料选用的基本原则

1）匹配造型语言

造型语言探讨模型选用材料的外观属性及加工特性，通常与目标造型语言相匹配。模型的目标造型语言以材料为表现载体，材料的外观属性及加工特性将影响造型语言的表达质效，与造型语言相匹配的材料将更易用于模型形态创意。材料的外观属性是材料固有语言的表达结果，匹配即意味着材料固有语言和目标语言表达具有一致性，使材料的轻微形变就能表现形态创意。此外，材料的加工特性决定造型语言能否快速表现，加工特性与语言提示的造型手法匹配时，模型成型难度低且提高成型效率。

2）匹配语义表达精度

造型语言探讨模型选用的材料，通常视目标造型语义要求的表达精度而定。不同目标语义对表达精度的要求可能不同，对材料具备的外观可精细调整能力也提出相应要求。当语义描述包含与"精确"相似或相关的概念时，其表达精度往往要求较高，此时所选模型材料外观应易于精细调整，反之，对模型材料没有此方面要求，则无须遵照以上原则选材。

3）外观独特材料优先

材料是模型造型语言的表现载体，材料外观属性必然影响其表现造型语言的效果。材料外观的独特性使之表现造型语言具有自身特点，也为模型形态带来了感性特色。感性特色既是使模型形态具有较高辨识度的有效手段，也是外观独特材料表现造型语言的必然结果。

4）统一于目标感性表达

如何通过材料更好地在模型形态中形成必要的感性特色，是选用模型材料过程中面临的重要问题。感性特色来自模型形态和材料自身两方面，前者是模型形态自身设计特征表达的重要内容，后者是选用外观独特材料的必然结果。两者虽然允许存在对象与内容上的差异，但应统一于目标感性的表达，由此才能发挥两者特有价值并使两者表达相互兼容。

2.3.4 造型语言探讨模型的制作内容及方法

2.3.4.1 模型制作所涉及的创意内容

造型语言探讨模型制作所涉及的创意内容包括定义目标语义、组织造型语汇、筛选造型语言方案、明确核心形式要素及其典型设计特征、表现造型语言方案、优化造型语言方案、优化模型形态等。

1. 定义目标语义

造型语言探讨模型形态的创意目标是实现目标感性与语义的表达，只有明确感性与语义的目标定义才能合理有效地实施创意。目标感性在搜集创意素材前即已明确定义，并在意象模型创意过程中通过素材感性主题的提取得以优化。目标语义则尚未定义，仅在意象模型创意过程中明确了其语义片段。因此，明确造型语言探讨模型形态创意目标的主要任务是定义目标语义，在这一过程中，设计者需查找各目标语义片段间在逻辑表达上的关联可能，来组合语义片段并生成合理的语义，从中筛选出最有价值的语义作为目标语义。

1）明确语义片段关联

目标语义片段能否形成表达上的逻辑关联，取决于语义片段概念的内涵是否存在内容交集。例如，追求和避免这两个语义片段，只有前者适合与自由这一语义片段关联，追求是指尽力寻找和探索以达成某目的或状态，自由是指不受限制和阻碍的状态，两者内涵中的状态即为其内容交集，两者在表达逻辑上能直接关联。而避免是指设法不使某种情形发生，情形和状态是不同概念，避免自由这一语义片段组合不合乎常规表达逻辑。因此，明确各语义片段间的关联，即是先判断各片段概念内涵是否存在内容交集，然后提取出符合该条件的部分片段的过程。

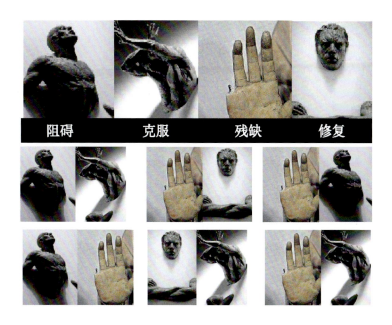

2）定位并组织语义片段

当明确目标语义片段关联后，有关联的片段需要合理的逻辑顺序来组织成目标语义，即需要定位语义片段。为明确片段在目标语义中的定位，可对比不同定位方案的语义表达效果，从中筛选出表达语义内容易于解读的方案，用于定位语义片段，从而组织出目标语义。

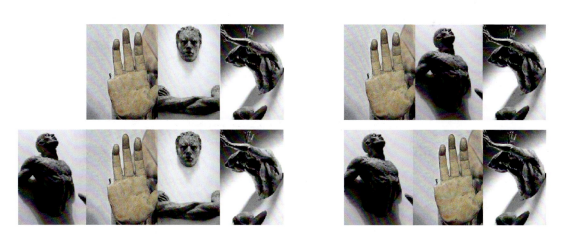

3）筛选并确定目标语义

目标语义片段能形成若干符合表达逻辑的组合，组合不唯一时即意味着有若干语义可用作目标语义，此时应对比这些语义的应用价值，结合创意定位优选出最具价值的语义，从而定义出唯一的目标语义。特定语义的应用价值在于其应用于形态创意所体现的显著优势，包括语义和产品类型与定位的契合度、语义自身描述能力、语义产生的共鸣度等多个方面的突出表现，这些都应在目标语义定义过程中予以考察，以使目标语义的价值趋于最大化。

2. 组织造型语汇

造型语言探讨模型待表达的目标造型语言，其语汇主要来源于意象模型。需对意象模型语汇进行分解，从中筛选出符合目标语义表达需求的典型语汇，用于重构目标语言。当筛选所得语汇难以高效表达形式要素设计特征，或者其组合不足以准确表达目标语义时，还需替代、添加语汇以优化其构成的语言。

1）分解造型语言

意象模型造型语言的分解，是从所有意象模型对应的不同语言中统一提取出语汇的过程。语汇在大多数情况下已记录于前章的素材形式列表，可直接从中获取，也可能有少部分语汇产生于意象模型形态构思的最终环节，需回溯模型后期构思过程才能获取，如不够明确可对比意象模型形态和素材形象来获得提示。

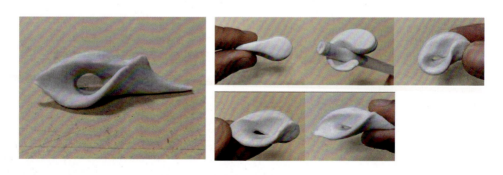

2）筛选造型语汇

分解所得语汇之间可能缺乏针对目标语义表达的逻辑关联，需要依据目标语义表达的合理度和强度等方面的要求，筛选出能形成有效逻辑关联和高效表达目标语义片段的典型语汇。

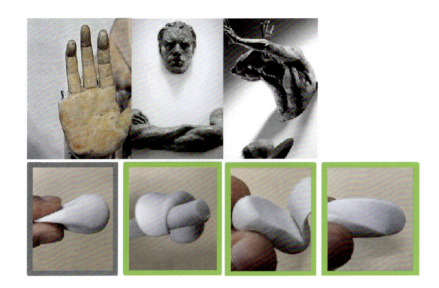

语汇间能否形成有效逻辑关联的判断方式和前述明确语义片段关联时相同，该方法同样可用于判断其概念的内涵是否存在内容交集。经此判断的语汇间往往能发现丰富的关联可能，这将影响语汇筛选效率，因此应提取其中关联最密集的若干语汇。另外，为使语汇能够高效表达目标语义片段，需明确语汇表达语义片段的机理，其中包括语汇推导语义片段的原理，利用该原理从语义片段逆向推导即能明确语汇应有属性。经以上两种判断方式提取的语汇中，既包括能形成有效关联的语汇，又包括能高效表达目标语义片段的语汇，两者交集才能用于后续组织。

3）重构造型语言

经筛选的造型语汇虽为关联密集的语汇，但仍具有多种关联的可能，由此可形成多种组织结构，即重构出多种造型语言。为使重构更高效，可利用前述从语义片段逆向推导语汇的结论，其中包括有关语汇成组关联的重要提示。

4）优化造型语言

　　当重构所得造型语言的部分语汇对特征描述能力不足时，将降低模型形态对目标语义的表达效率，此时可将已有语汇中与原语汇应用情境相类似的新语汇用于替代，以使描述形态具有更显著的特征。此外，当所得造型语言不足以准确表达目标语义时，在排除已有语汇与目标语义表达的逻辑冲突后，应添加合适的语汇来补全语言。

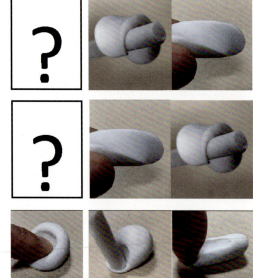

3. 筛选造型语言方案

1）构成差异化

　　语言方案构成的差异化，是整合类似方案并对其结果进行差异化处理的方案筛选过程。语言方案的构成差异涉及所选语汇和语汇组合形式两个方面，寻求方案构成的更大差异化在不同情形下需采取不同的策略。

　　当语言方案语汇接近或相同时，需尝试改变语汇组合形式，可通过调整其表达的逻辑顺序来获得更大差异，例如，对象 A 贴近对象 B 使之部分悬空，改变为对象 A 使对象 B 部分悬空并与之贴近。同理，当方案的语汇组合形式雷同时则可更换其所选语汇，例如，对象 A 贴近对象 B 使之部分悬空，改变为对象 A 嵌入对象 B 使之部分下坠。当以上情形兼有时，则同时采取上述两种途径。加大差异化应使各语言方案构成的交集尽可能少，交集过多的方案可划归同类方案来处理，由此整合得到若干方案即为可行且高效的差异化途径。

同类方案

2）表达一致化

语言方案表达一致化，是为进一步剔除目标感性与语义表达缺陷而进行方案筛选的过程。表达一致化仅针对感性与语义而言，与设计特征无关。在实施表达一致化的过程中，设计者首先评价方案是否具有完整表达目标感性与语义的能力，然后保留优势方案并依据方案语义相似度将其聚为若干类型，最后筛选或整合出能突出表现目标感性与语义的典型方案。典型方案能代表所有的优势方案，从而实现了方案的一致化表达。

举例说明，假设方案一为对象 A 贴近对象 B 使之部分悬空，方案二为对象 A 使对象 B 部分悬空并与之贴近，方案三为对象 A 嵌入对象 B 使之部分下坠，都能表达结合与限制的语义。除此语义外，前两者还能表达吸引与支撑，后者则表达适应与侵犯，可归于不同类型。此外，方案一中对象 A 将更多地限制对象 B 的运动，因此比方案二更典型。

4. 明确核心形式要素及其典型设计特征

确定造型语言方案及其待表达的目标语义后，形态创意的形式内容即明确了其表达主体与目标，此时还需进一步明确目标以外的表达对象及其内容，从而为模型形态提供更完整的待表现内容。

1）明确核心形式要素

各创意素材形象的形式要素，仅有部分对形象主要感性与语义具有贡献，为重点体现素材形象核心创意知识，各意象模型的形态创意也应仅继承对应素材形象的主要形式要素。因此，不同意象模型形态的形式要素主次不尽一致，相同形式要素也对应多种设计特征的可能。

对以全体意象模型为创意来源的新模型而言，如未考虑以上情形，将使其目标造型语言对形式要素的描述缺乏侧重，也可能导致其设计特征缺乏明确定义、丧失兼容性等问题。因此，造型语言探讨模型的形态创意，需将全体意象模型统一纳入形式要素的主次分析范围，通过对比各主要形式要素对目标感性与语义的贡献度，来明确其中的核心形式要素。

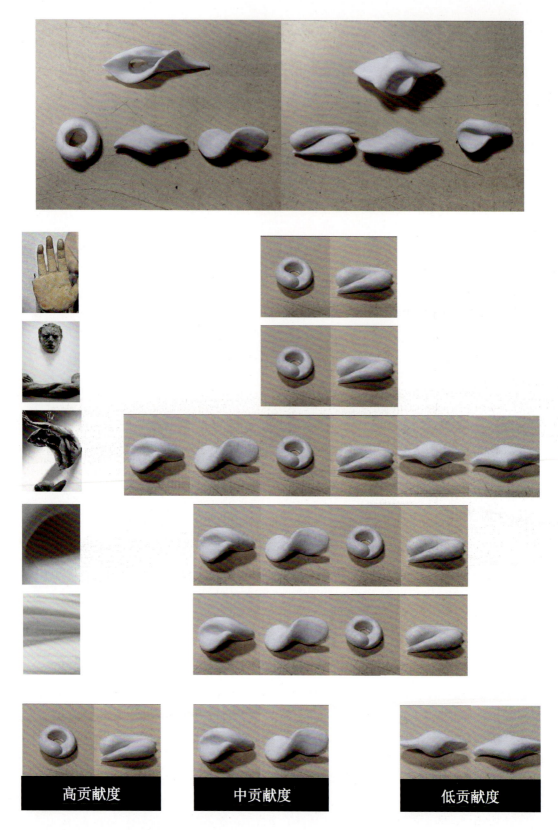

高贡献度   中贡献度   低贡献度

　　造型语言重点描述的形式要素将具有更显著的特征，它成就了各意象模型的感性与语义特色，也对全体意象模型共同诠释的感性主题与核心语义具有高贡献度。因此，明确全体意象模型的核心形式要素，需从纵向上对来自不同意象模型的主要形式要素进行主次判别，该判别可通过对比要素的特征显著度来快速实现。

2）明确典型设计特征

上述判别所得核心形式要素，其中单项即可能对应多种设计特征。它们来自不同意象模型的同一形式要素，其中部分均有典型性。这部分典型特征由意象模型创意提取，并在模型表现时强化了其属性单一程度及属性值，因此其典型度均维持在较高水平，可以全部保留供后续创意时筛选。

3）添加产品原型特征约束

造型语言探讨模型形态应大致契合产品原型形态特征，以实现此类模型的创意应用价值，为此，应将产品原型形态特征用于约束上述提取的典型设计特征。为了形成约束，需先提取出用于描述原型形态的必要形式要素及其设计特征，然后明确所提取特征的必要属性及其赋值范围，再按照特征所属形式要素为同一项的要求，将原型特征与前述从意象模型提取的典型设计特征相对应，最后将其必要属性及赋值范围添加并更新至典型设计特征，更新后的特征得以体现产品原型形态的必要特征属性，将其用于描述模型形态能使之大致契合产品原型形态特征。

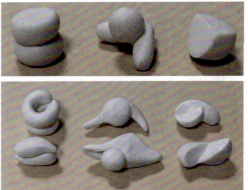

5.表现造型语言方案

1）筛选可用材料

从模型常用材料中筛选出最适宜表现形式内容的材料，以满足各造型语言方案的形态描述需求。筛选主要从语言匹配度、语义表达精度、外观独特性等角度综合考察待选材料的适应力和表现力。当待选单一材料均无法完全满足以上角度所提要求时，应综合权衡材料替换或组合可能带来的利弊，以实现效益最大化。值得注意的是，不同造型语言方案的形态描述需求不尽相同，因此可选用不同材料或其组合来分别表现。

2）避免特征加工冲突

模型形态表现造型语言方案时，其表达的不同形式要素造型特征间存在物理关联，使得模型材料对特征的加工易产生冲突，这在使用单一材料时表现得尤为明显。为尽可能避免可能存在的特征加工冲突，需要削弱特征间的物理关联并优化特征加工策略，因此，可选用多种材料制作模型，并按照特征的创意等级有序加工。

3）表现形式内容探讨结论

造型语言探讨模型的形态创意是指提取意象模型的核心形式内容并将之表现于模型形态。在对意象模型的形式内容进行探讨的阶段即可展开模型制作，以使探讨结论更具象、直观。探讨结论分环节输出且多描述形式内容中的单个对象，作为模型形态的特定表现对象，设计者应保证模型形态能够突显该对象，使之不会受其他形式内容的干扰。

4）实施造型语言方案表现

用造型语言探讨模型表现造型语言方案时，其表现内容与要求和意象模型大致相同，同样应把握语言描述的形式要素对象的创意等级，依据其等级依次进行创意表现，且仍需着眼于满足造型语言的表现需求，在此前提下再考虑形式内容表现如何和造型语言表现相兼容的问题。

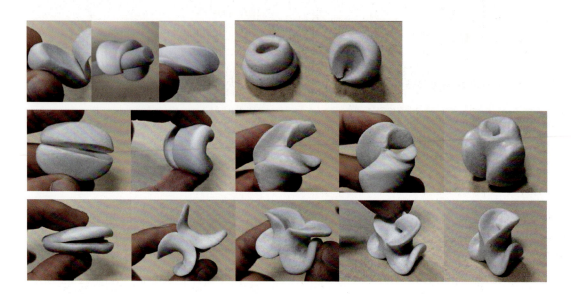

值得注意的是，造型语言探讨模型表现某特定目标语义时，该语义在所有目标语义中的价值定位由模糊变为清晰。为适应语义价值定位的变化，模型形态表现造型语言方案时应适时调整创意构思，以满足变化提出的最新需求。

6.优化造型语言方案

各语言方案完成模型形态描述之后，其表达的形式内容即通过模型形态直观体现，同时设计者获得了各方案对应的特有创意知识与经验，为优化语言方案提供了重要基础和必要条件。优化语言方案，需对比各方案的表达效果并分析其特有的创意知识与经验交集，从效果对比结论和知识经验交集中找到优化方案的方向和依据。

1）对比方案表达效果

造型语言方案表达效果的对比，即方案所表达形式、内容、质量的对比。理想的方案表达效果应保证各形式要素设计特征的定义互不干涉，不同设计特征能够统一体现明确的造型主题，且对特定目标感性和语义的表达易于解读出明确内容。因此，主要对比项目包括形式要素的特征兼容度、设计特征调和度、感性与语义鲜明度等。通过对比可分析出各语言方案在以上项目中的表达优劣势，同时明确各语言方案的共性特征，从以上对比结论和各语言方案的已知构成出发即能推导出优化方向。如下中图所示，由各语言方案产生的若干设计特征间具有共性，这些共性特征（由下图数字图标指示）通常具有较理想的表达效果，形态优化可倾向于塑造这类特征。

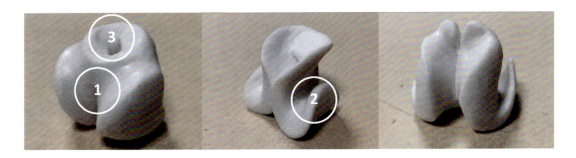

2）分析创意知识与经验交集

从探讨和表现语言方案过程中获得的创意知识与经验，涉及定义语义、组织语汇、筛选语言方案和明确形式要素及其特征等多个方面。由各语言方案对应的特有创意知识与经验，其交集即为上述多个方面实践所得知识与经验的共性部分，它能指明语言方案的关键优化内容与方法，使之成为高效优化语言方案的依据。

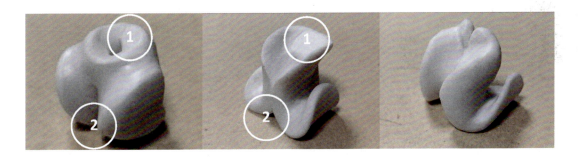

7. 优化模型形态

将经优化的造型语言方案表现于模型形态后，模型形态将积聚来自不同意象模型的典型设计特征，且这些典型设计特征受产品原型形态特征的约束，原型形态特征的必要属性及其赋值范围被添加并更新至典型设计特征。因此，模型形态的设计特征具有多元化的特点，设计特征对目标感性与语义的原始表达是否能继续维持尚属未知，这将导致各设计特征产生缺乏统一主题、目标感性与语义表达偏差等问题。

1）形成设计特征统一主题

设计特征缺乏统一主题，主要由特征属性兼容性差、关联度低，各特征比重过于接近等情况导致。例如，假设某形态的型面仅包含球面和平面两种，即出现特征属性兼容性和关联度问题，此时的球面和平面将难以形成统一主题，在两者比重接近的情形下更是如此。因此，为使模型形态的设计特征形成统一主题，应尽量避免以上情况。为提高属性兼容性和关联度，可从模型形态的特征属性入手，通过其微调形成调和各特征属性差异的过渡特征。当各特征比重过于接近时，还需通过特征属性的同化来提高主要特征的比重，得以由其主导形成明确主题。

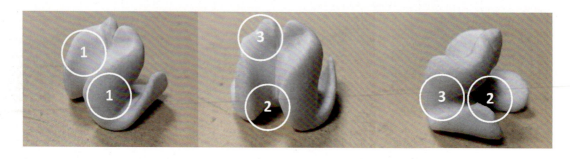

2）矫正目标感性与语义表达

目标感性与语义表达出现偏差是由产品原型形态特征对原设计特征的约束导致的。约束是验证已有创意知识并发挥模型应用价值的必要条件，尽可能减弱约束产生的直接效应是解决表达偏差的可行途径。

原型特征的约束主要表现为原设计特征属性或其赋值范围的更新。前者破坏特征的典型度，后者弱化特征的显著性，前者相对于后者更易使目标感性与语义表达产生质变，是造成表达偏差的主要原因。如前所述，原型约束是必要的，减弱其产生的直接效应才是可行途径，因此当必须添加来自原型特征的必要属性时，其属性赋值应尽可能设低，由此可在一定程度上弥补典型度降低所带来的表达偏差。

可以看出，约束产生的直接效应是客观存在的，其弱化并不能完全消除表达偏差，只有避免特征属性的更新才能从根本上消除表达偏差。因此，在添加原型约束时，即可对之前环节提取的典型设计特征进行筛选，将需添加属性的典型设计特征去除，只保留和原型特征在属性上重合的部分典型设计特征，从而预防表达偏差的形成。

2.3.4.2 模型制作所涉及的创意方法

造型语言探讨模型制作所涉及的创意方法包括定义目标语义、组织造型语汇、筛选造型语言方案、明确主要形式要素及其典型设计特征、表现造型语言方案、优化造型语言方案、优化模型形态等。

1. 目标语义的定义方法

目标语义应契合产品的类型及定位，产品类型及定位的概念描述包括其形态所需表达语义的线索。例如，货运列车是高运载量的远途运输工具，由此概念描述可知其形态需表达负重、持久等语义片段。同理，根据产品类型及定位要求提出的产品造型概念，其描述也能提供待表达语义的线索。例如，将待设计的货运列车定位为特种罐车，并提出其造型概念为体现环保理念的移动广告，由此概念描述可知其形态需表达防护、节能、推广等语义片段。

用以上方法能大致界定出模型形态语义的可行表达范畴，根据所得语义线索能够快速完成已有目标语义片段的关联、定位与组织，从而定义出具有强描述能力并能产生高共鸣度的目标语义。值得注意的是，用以上方法界定出的语义表达范畴有限，其提示的语义片段可能和已有目标语义片段缺乏交集，此时，可将已有目标语义片段和提示片段类比，重构出相应的语义表达范畴，借此获得更多语义线索。

2. 造型语汇的组织方法

1）造型语汇的提取方法

造型语言方案由提取自意象模型的典型语汇构成，所提取语汇的表达应具有合理性和高效性。换言之，语言方案的构成语汇需能形成有效逻辑关联且能高效表达目标语义片段，其提取必须满足以下两个方面的要求。

（1）评价语义片段表达效率

判断语汇表达特定语义片段是否高效，可从体现语义片段的典型情境描述中找到依据。语汇的典型应用情境，其描述能提供推导语义片段的线索。换言之，能体现语义片段的典型应用情境，其描述也包含反向推导语汇应有概念内涵的线索。因此，判断语汇是否高效表达语义片段，可先从体现该片段的典型应用情境描述中罗列出其必要构成，然后根据语汇和必要构成在概念内涵上的相似或相关性来加以判断。

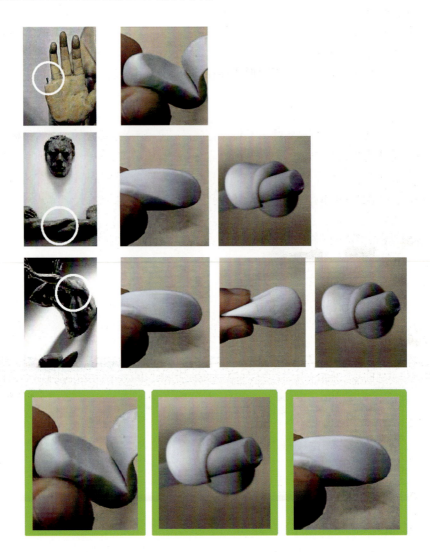

（2）形成语汇有效逻辑关联

情境描述是将具有逻辑关联的因、事、时、地、物用语言加以描述的结果，由其推导得出的若干语汇，必然能形成有效逻辑关联。因此，前述提出的效率评价方法即可同步解决语汇的逻辑关联问题。值得注意的是，从多个典型应用情境描述推导得出的语汇可能无法关联，因此，由此推导得出的语汇应成组罗列，以便后续快速组合为语言。

2）造型语言的重构与优化方法

用上述方法提取的造型语汇，其间存在多种关联可能，可重构出多种造型语言。为使重构语言能够满足目标语义的表达需求，其重构过程应受特定规则约束。

（1）重构造型语言

语汇推导自语义片段而非其构成的完整语义，缺乏片段组织原则的约束。因此，语汇组合形成的语言所能表达的可能语义，相比目标语义更丰富，即超出目标语义的表达范畴。此时，应界定目标语义所表达概念的范畴，用其约束可能语义的推导，使可能语义符合目标语义的表达范畴。由此推导出语义即是确定相应语汇及其组合顺序的过程，从而造型语言得以重构。此外，所得多种造型语言将表达以不同形式存在的特定目标语义，这有利于设计者发现目标语义更丰富的表达价值。

通过对目标语义不同形式的描述，即可界定出其表达概念的范畴。例如，目标语义为促进发展，也可描述为加速进化、增强活力、排除障碍等不同形式，这些描述分别将促进发展这一语义的表达概念界定在环境条件、能力素质、动作行为等范畴。用界定的范畴来约束可能语义的推导，可尝试将可能语义在范畴内进行描述，如描述可行则对应的语言合理。

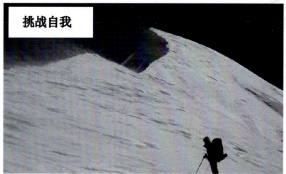

（2）优化造型语言

当重构所得语言的语汇难以高效表达形式要素设计特征，或语言自身不足以准确表达目标语义时，还需替代、添加语汇以优化语言。

① 查找可替代语汇

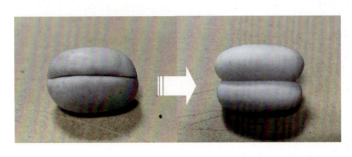

替代用新语汇的应用情境与原语汇应类似，所描述的设计特征也应更显著，可对比已有语汇和待替代语汇所描述的造型手法，来实现新语汇的快速查找。造型手法所产生形变的作用相似或相反时，即表明两者应用情境类似；造型手法所产生形变更明显时，即表明该手法对应语汇将描述更显著的设计特征。上述查找方法仅需运用日常积累的有关造型手法的知识与经验即可使用，操作快捷且容易掌握。

② 添加必要语汇

新添语汇用于填补现有语汇表达的逻辑缺口，为缩小新添语汇的查找范围，应先明确语义缺口填补的具体需求。需分析语义片段现有组合和目标语义的本质差异，借此明确缺失片段的表达作用，结合已有片段分析出缺失片段的应有属性与内容。此时即可描述出体现缺失语义片段的典型应用情境，从应用情境描述中提取出必要构成并将之视为可能语汇。尝试用可能语汇填补语义缺口，对比填补效果并选择最佳的可能语汇添加至语言，从而实现语言的优化和目标语义的准确表达。

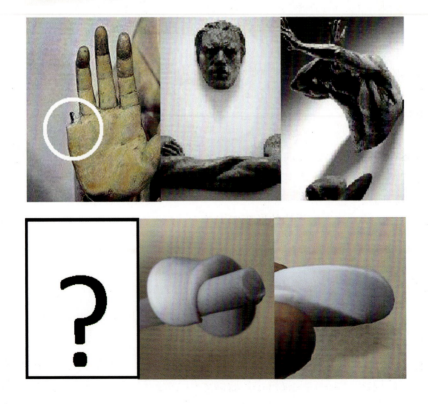

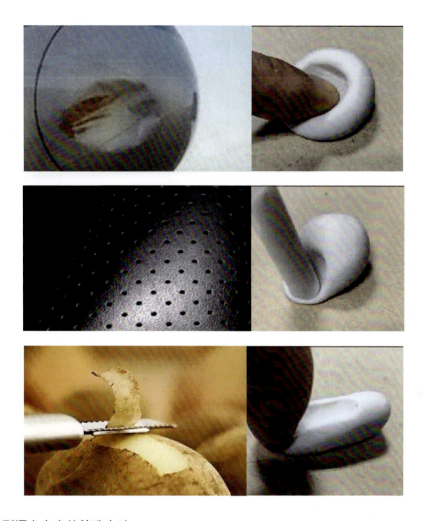

3. 造型语言方案的筛选方法

1）构成差异化

语言方案的构成差异涉及所选语汇和语汇组合形式两个方面，寻求更大差异化可通过表达逻辑顺序的调整、语汇的更换来实现。表达逻辑顺序即为语汇在语言中出现的先后顺序，其调整顾名思义是将构成语言的语汇进行序列重组，保证其表达逻辑合理即可。语汇的更换，需保证新语汇与原语汇所描述造型手法的形变作用相似或相反，如此才能使两者的应用情境类似，从而保证两者所表达的语义密切相关。

2）表达一致化

语言方案表达一致化，将最终筛选出能突出表现目标感性与语义的典型方案。典型方案需代表所有的优势方案，对优势方案的筛选有赖于方案语义的解读与对比分析。在优势方案的筛选过程中，可先明确方案内语汇及其组合逻辑的典型应用情境，然后判断其是否包含能提示目标语义的线索，最后据此筛选出包含线索的方案。典型方案筛选自优势方案，当优势方案所含线索较明显时，即为表达目标语义更高效的典型方案。当不同典型方案的语汇所描述的造型手法雷同时，应归于同一方案类型，保留其一即可。

4. 核心形式要素及其典型设计特征的明确方法

1）明确核心形式要素

明确核心形式要素，需从纵向上对比不同意象模型主要形式要素的特征显著度。特征显著度的对比方法曾在前章提及，其核心依据是特征显著度越高，则越易引人注目。因此，明确核心形式要素，即是通过对比各主要形式要素特征异于常规的程度，来确定其中引人注目的若干要素的过程。

和明确素材主要形式要素的方法相同，可在观察全体意象模型的过程中进行实时口语描述，从描述内容获知意象模型具有的显著特征，再经简单逻辑分析明确特征的形式要素归属，从而确定核心形式要素。

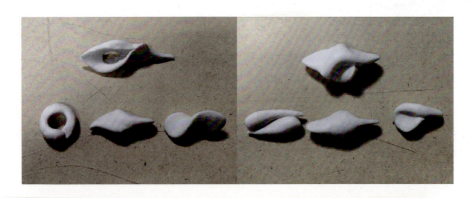

2）明确典型设计特征

单项核心形式要素可能对应多种设计特征，它们来自不同意象模型的同一形式要素，只有部分具有典型性。特定设计特征是否更具有典型性，可与其他特征对比其属性单一程度及属性值，属性单一程度和属性值较高的特征更具有典型性。此外，易于用口语描述的设计特征往往符合典型性判别规则，因此可通过查阅前述口语描述报告加以明确。

3）添加产品原型形态的特征约束

（1）确定原型形态的特征约束范围

为确定原型形态的特征约束范围，需明确用于描述原型形态的必要形式要素及其设计特征，以及所提取特征的必要属性及其赋值范围。

可用尽量简洁的书面文字描述原型形态，然后将文字描述转化为图形描述。如图形描述的最终结果和原型形态吻合，则说明文字描述合理；如不吻合则说明存在描述不准确或不全面等问题，应予以修正直至吻合，所得较为简洁的合理描述即为对原型形态必要形式内容的描述，可用于确定原型形态的特征约束范围。

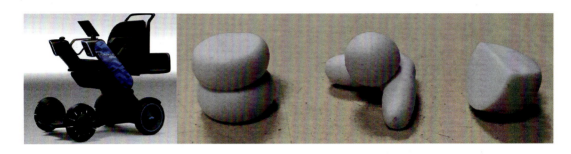

（2）更新典型设计特征

用原型形态特征来约束模型形态待表现的典型设计特征时，可使用文字、图形等方式来具体描述并直观反映特征变化。在描述典型设计特征的同时，适时加入有关原型必要属性及其赋值范围的描述片段，所得即为更新后典型设计特征的描述。

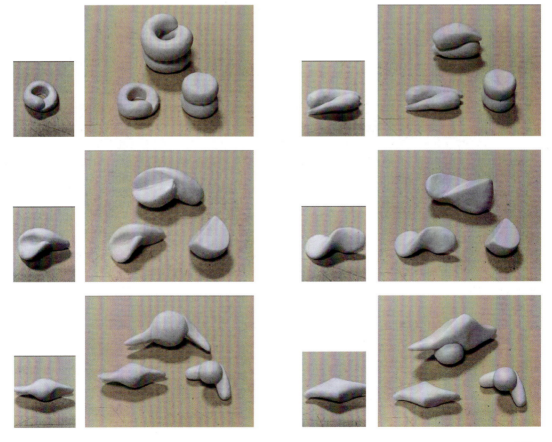

5. 造型语言方案的表现方法

1）筛选可用材料

对模型常用材料的筛选，主要从语言匹配度、语义表达精度、外观独特性等角度综合考察待选材料的适用性和表现力。模型常用材料可分为块材、线材和面材，块材基本能涵盖前两者的表现能力，更易获得较高的语言匹配度，故在单一材料表现模型时通常作为首选材料类型。线材在表达精度上更有优势，尤其适合表达和精度有关的语义，多作为主材的附加材料用于提升语义表达精度。面材在表达效率上更有优势，且易快速涂装产生丰富外观，适用于模型形态雏形的快速创意及形态感性特色的强化。

2）突显形式内容

（1）目标语义

目标语义是造型语言表达的意义，需通过若干语汇表达的多种设计特征来综合体现。不难看出，在形式要素及其设计特征等形式内容尚未明确前，试图用模型形态表现完整语义缺乏必要基础，因此表现语言方案时可从体现语义的典型情境中的形象物获得造型提示。突显目标语义即使之更易解读，可具象还原情境形象物并适当简化其细节，以便用模型快速表现易解读出语义的形象物。

（2）造型语汇及其重构语言

语汇及其重构语言在模型上的表现需能定义造型手法，它是语汇及语言实际应突显的表现内容。将反映造型手法典型应用的线索尽可能多地布置于模型，即为突显造型手法的方法。

（3）核心形式要素及其典型特征

核心形式要素及其典型特征的突显，其主要内容是进一步强化特征的典型性。提高表达感性与语义的效率是强化特征典型性的手段，因此，仅保留特征表达感性与语义的必要属性并提高其属性值，可以强化特征的典型性。

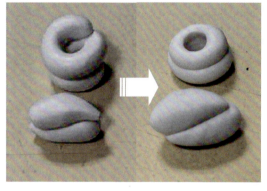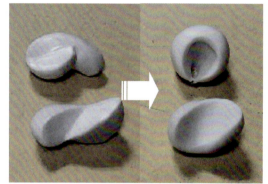

3）表现造型语言及其他形式内容

（1）避免干涉与兼容问题

表现造型语言及其他形式内容，应尽可能避免所生成造型特征间的干涉，并在表现语言时同步考虑与其他形式内容表现可能存在的兼容问题。因此，为尽可能避免生成造型特征间的干涉，同样需按创意等级由高到低依次进行其上造型语言的表现。为避免兼容问题，定义模型造型特征时应使之具有与已知典型设计特征相匹配的属性。具体方法与意象模型相同，故不再赘述。

（2）适应语义价值定位

在模型形态的创意过程中，其语义的价值定位趋于清晰。为满足定位变化提出的最新需求，表现形式内容时需适时调整创意构思，这可能会对创意表现的可还原性提出要求。因此，为避免可能出现的还原问题，可先用可塑性材料来探索模型形态雏形，待价值定位趋于清晰后，再更换或添加其他材料来表现模型形态的最终创意。

6. 优化造型语言方案

1）对比方案表达效果

造型语言方案表达效果的主要对比项目包括形式要素的特征兼容度、设计特征调和度、感性与语义鲜明度等。

（1）对比特征兼容度

形式要素的特征兼容度主要考查模型形态各形式要素设计特征定义间的干涉程度。当描述设计特征定义的造型手法的形变作用互相矛盾时，所得特征将互相牵制对方的表现，会削弱特征典型度。例如，横向拉伸比例使之修长，纵向拉伸型面使之凸起，后者使比例不再修长，前者弱化了型面凸起的感觉。因此，所用造型手法形变作用间的矛盾，是造成特征兼容问题的根本原因，通过它来判断并对比特征的兼容度更可靠。

（2）对比设计特征调和度

模型形态各设计特征对比过于强烈且缺乏过渡特征时，即意味着设计特征调和度低。可先分别从各模型提取出其属性最不同的一对设计特征，然后对比所得多对特征的属性差异程度，若属性的概念完全相反，则差异度最大，反之差异度最小。此后，在模型中查找属性概念与上述属性皆相关的过渡特征，确认其是否存在，并结合前述结论综合判断和对比特征调和度。

（3）对比感性与语义鲜明度

模型形态所表达的感性与语义鲜明度，即为从模型形态快速解读出明确感性与语义的难易程度。当模型形态的设计特征具有统一主题，且特征属性赋值较高时，其表达感性与语义的明确度和强度较高，更易被设计者快速解读。因此，可从特征的主题和赋值情况来判断和对比感性与语义的鲜明度。

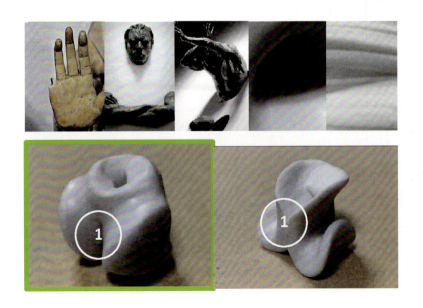

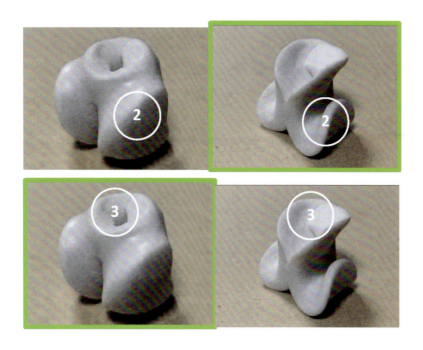

2）分析创意知识与经验交集

创意知识和经验来源于实践过程并体现于实践结果，其交集的获取需要综合梳理实践的过程和结果。因此，需回溯各语言方案生成过程并观察已有的模型形态，包括表现形式内容探讨结论的分析型模型，以及表现语言方案的创意模型。从过程回溯与模型观察中，整理、分析并总结出各语言方案的创意知识与经验交集，将之作为语言方案优化依据的来源。

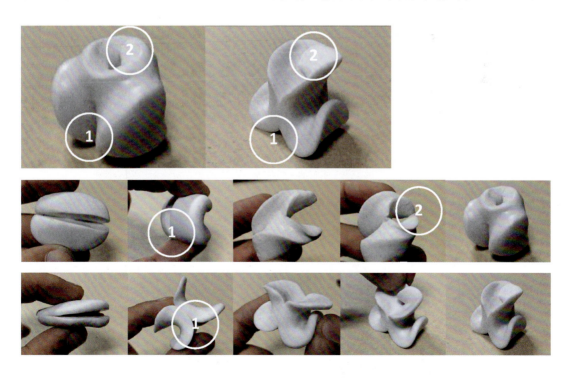

7. 模型形态优化方法

1）提高属性兼容性和关联度

特征属性之间彼此缺乏概念交集，是导致特征属性兼容性较差和关联度较低的原因，因此需要微调部分特征的属性以形成概念交集。可将待兼容特征属性的概念整合，用于重新定义待更新特征的属性，以形成调和各特征属性差异的过渡特征。举例说明，某形态的线型仅包含折线和曲线两种特征，两者属性的简单概念描述分别为动点方向突然变化和动点方向连续变化，缺乏概念交集，因而有待兼容和关联，此时，将上述概念描述整合为动点方向突然连续变化，即可重定义出有效的过渡特征。

2）提高主要特征比重

当各特征比重过于接近时，可通过特征属性的同化来提高主要特征的比重。属性同化是将某一主要特征的属性完全或部分移植到次要特征，从而强化此主要特征并使之能主导形成明确主题。移植属性至次要特征，可视特征属性单一程度选择添加或替换方式，属性单一时宜添加，反之则宜完全替换。

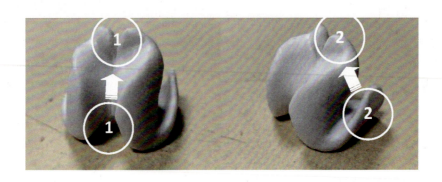

2.4 造型特征设计模型

2.4.1 造型特征设计模型的制作价值

造型特征设计模型是将创意资源提供的造型语言方案与产品原型进行概念适配，排除概念上的逻辑冲突后，将优化并整合后的语言方案用于描述产品原型的可能形态，所生成的约束可信、主题鲜明、语义明确和美感精致的形态模型。

1. 推进创意构想向形态方案转化

造型特征设计模型的形态创意，凝练已有创意资源的创意知识并将之体现于产品原型的可能形态，有利于发挥全体创意资源的作用和价值，并实现阶段性创意构想向形态方案的转化。

已有创意资源中的创意素材、意象模型或语言模型，能为后续创意提供各自造型语言及其语汇、形式要素及其设计特征、感性与语义等特有形式内容。从中所获得的创意知识将体现创意资源的各自特色，凝练并应用其核心将有利于发挥全体创意资源的作用和价值。此外，将核心知识体现于产品原型的可能形态，还能进一步验证知识的应用成效，最终实现阶段性创意构想向形态方案转化。

2. 有效调整造型语言方案

造型特征设计模型的形态创意，将考察造型语言方案用于描述产品原型可能形态的过程和效果，便于设计者在模型上做出合乎产品原型约束要求的有效调整。

1）考察语言方案的实际描述过程和结果

造型特征设计模型是将经筛选、整合和衍生得出的造型语言方案，用于描述产品原型可能形态所得出的形态模型。它区别于其他构思草模型的最大特点是，以特定产品原型的可能形态为语言方案的描述对象，得以考察产品原型可能形态的实际状态及语言方案的实际描述过程。基于以上有利条件，设计者能够更客观、有效地验证和评价创意构想，从而有利于保证所输出形态方案的质量。

2）反映语言方案实际应用与理论预期的差异

来自产品原型的各种约束具有较复杂的关系，且语言方案仅能在概念层面受逻辑约束，这使得从理论角度约束语言方案难以覆盖实际存在的所有约束关系。因此，将造型语言方案用于描述产品原型可能形态时，其实际描述过程与效果和理论预期可能存在一定差异。这种差异将通过客观、具体的模型形态来反映，便于提出进一步优化创意构想的合理方向和思路。

3）实时反馈和快速验证语言方案的描述效果

模型形态将全面且实时地反馈语言方案的实际描述过程和效果，能够快速验证语言方案的合理性和有效性。因此，设计者得以在模型上做出合乎产品原型约束要求的有效调整，并使语言方案在模型形态创意过程中持续优化。

3. 提供有利的创意方式与空间

造型特征设计模型的形态创意，对语言方案所表达造型特征先后实施定性和定量设计，能在多重条件约束下提供相对有利的创意空间，从而促进高质量形态方案的形成。

1）采取递进方式解决创意问题

先后实施定性和定量设计，是解决复杂形态创意问题的有效方式。造型特征设计模型的形态创意面临较多的约束条件，与之相关的创意问题与其他构思草模型相比更复杂，因此将在对创意问题进行定性和定量分类的基础上，递进式地解决复杂创意问题，最终形成满足创意要求的形态方案。

2）提出明确的造型特征设计分阶段目标

在造型特征的定性设计阶段，主要考察产品原型和感性语义约束下造型特征的属性，设置合理属性来提升造型特征的显著度和典型度，以使特征有高辨识度的同时能高效表达目标感性与语义。在造型特征的定量设计阶段，则多考察产品原型和形式美约束下造型特征的属性赋值，合理的赋值使造型特征主次关系明确，以使特征形成统一且鲜明的主题。

3）提供多重约束下相对有利的创意空间

定性设计将定义造型特征的应有属性，能在多重约束下相对自由地协调特征布局冲突，从而形成合理融洽的特征布局。定量设计则使不同造型特征更具兼容性，能在精细调整特征的同时延续其合理布局，从而在合理布局的基础上提升特征配置的秩序感。

4. 记录创意构想和形态方案的形成过程与最终状态

造型特征设计模型作为兼具创意构想与形态方案输出功能的构思草模型，能够记录创意构想和形态方案的形成过程和最终状态。

1）兼具创意构想和形态方案输出功能

造型特征设计模型是为进一步验证和评价创意构想，使之形成产品合理形态方案而制作的形态模型。它与表现型草模型的主要区别在于其较强的构思记录和启发功能，能够完整记录创意构想和形态方案的形成过程。经验证与评价的最终创意构想即是形态方案，此时模型形态的主要功能也从创意构想转变为创意表现，其最终应用将和表现型草模型一致。

2）形成不同创意构想供对比分析

在造型特征设计模型形态的创意过程中，所探讨的内容不仅包括各造型语言方案与产品原型的适配度，还包括由造型语言方案描述而形成的不同创意构想和形态方案。为此需要用多个模型形态来反映不同的探讨内容，以验证并展现造型特征的创意构想。通过对比分析所得多个模型形态，可明确各自特征设计的优劣及其成因，从而提供优化创意构想的合理思路。

3）提供不同表现效果供构思推进

构思尚未定性的模型形态只反映阶段性创意构想，此时的模型形态为造型特征不完整的创意雏形，具有较大的构思启发与想象空间。加之对创意构想的表现要求较低，因而易于探讨构思和拓展创意方向。随着创意的不断深入，阶段性创意构想逐渐向形态方案实现转变，造型特征的设计也得以全面化和精确化，因而提出更高的表现要求。与此同时，定量设计接替定性设计，得以全面、精确地验证和评价形态方案。

2.4.2 造型特征设计模型的制作原则

1. 产品原型约束分析原则

造型特征设计模型的形态创意受产品原型约束，探索符合发展趋势的产品原型未来可能形态的过程有赖于对产品原型约束的多维与动态分析。

1）多维分析

来自产品原型的创意约束，涵盖功能、工程、技术、造型、规范等多个方面。功能实现、工程可行、技术应用、造型趋势和标准规范是造型特征设计模型形态创意自由度的主要约束因素，应在产品原型的约束分析中大范围涉及。此外，约束分析还应考虑创意目标提出的具体需求，由此界定分析范围并获得更有针对性的分析结果。

2）动态分析

无论创意任务是现有改款设计还是未来概念设计，产品原型的约束分析都应准确把握原型约束的动态趋势，以输出合乎创意目标需求与趋势的约束规则。需分析各约束因素动态趋势在时间线上的共同契合点，依此提出未来原型在创意预设时间场景内的可能约束描述，最终将之用于未来原型可能形态的创意过程。

2. 产品原型约束描述原则

1）约束描述具体化

当描述来自功能、工程、技术、造型和规范等多方面的产品原型约束时，部分描述对象的内涵往往较宽泛和抽象，对应描述内容不够具体清晰，难以直接用于约束后续创意。因此，需尽可能地具体化这种概念性描述，将之转化为易用的若干约束规则，从而界定出后续创意的有效参考数值或可行逻辑范围。

2）约束描述类型化

产品原型约束用于约束造型语言方案及其表达的造型特征，两者提出的约束需求不同，因而需要应用不同类型的原型约束描述来满足需求。其中，造型语言方案为描述具体形态的语汇组合，仅适合在概念层面对其进行逻辑约束；而造型特征的约束包括属性及其赋值的约束，需分别从逻辑和数值两方面进行约束。因此，原型约束的描述应区分为定性和定量两种类型，以适应各约束对象提出的不同约束需求。

3. 造型语言方案适配原则

造型特征设计模型的形态创意，需使待表现造型语言方案与产品原型相适配，适配过程应兼具合理性与创新性，并达到高共鸣与高价值语义表达的理论预期。

1）过程的合理性与创新性

造型语言方案在原型约束规则的约束下适配产品原型，应力求使适配过程兼具合理性和创新性。过程合理即尊重约束规则的客观性，并将之完整、准确地用于约束语言方案，以保证方案具有更好的可行性和有效性。过程创新即利用语言方案自身特有的创意价值，启发对产品未来原型的概念构想，以最大化地保留语言方案的创新属性。

2）目标的高共鸣与高价值

高共鸣与高价值语义是造型特征设计模型形态创意的表达目标，也是模型所有创意环节的根本表达目标。作为以形成模型形态造型语言为目的的创意环节，语言方案与产品原型的适配，无疑对模型形态的语义表达起决定性作用。因此，经适配的语言方案首先应能达到高共鸣与高价值语义表达的理论预期，而后再到实际应用环节加以不断验证。

4. 造型语言方案验证原则

经适配的造型语言方案，应在实际描述模型形态的过程中验证其合理性。

1）认识语言方案验证的必要性

语言方案从理论角度适配原型，其考察难以覆盖原型实际存在的所有约束关系。经适配的语言方案用于实际描述产品原型的可能形态时，原本潜在但未经确认的部分约束关系有必要被纳入考察范围，因此语言方案面临的实际描述问题将超出理论预期。在此情形下，语言方案预期的可行性和有效性还有待验证，设计者应认识到语言方案验证的必要性。

2）通过实际应用来验证

产品原型可能存在各种复杂的约束关系，其中部分约束关系只在模型形态的特定状态下存在约束意义，即这部分约束关系是否值得考察依赖于语言方案所描述模型形态的具体情况。因此，为明确上述潜在约束关系的考察必要性，需将语言方案的实际描述结果作为重要参考依据，这也意味着语言方案验证不能脱离其实际应用，应从实际应用中验证其可行性和有效性。

5. 造型特征设计原则

造型特征设计模型形态创意中对造型特征展开的定性和定量设计要求设计者客观认识各局部造型特征的对比与冲突关系，确立造型主题并用之引导各局部造型特征的设计。

1）客观认识各局部造型特征关系

造型语言方案对模型形态描述，以形式要素设计特征为具体的描述对象。比例、轮廓等形式要素的特征描述在整体与局部都有涉及，这类描述对象将覆盖不同造型单元，使得各单元仅承担部分特征描述内容。受这种特征描述机制和产品原型约束复杂性等因素的影响，各局部造型单元所形成的造型特征将表现出多样性，同时存在对比甚至冲突关系。

2）以造型主题调和造型特征关系

对造型特征展开的定性和定量设计，能在一定程度上调和局部造型单元造型特征间的对比与冲突，却难以规避可能出现的感性、语义与形式美的表达问题。此时应确立造型主题并由其引导各造型特征的设计，使它们能在符合原型约束规则的基础上统一于造型主题，从而规避上述表达问题。

2.4.3 造型特征设计模型的选材

1. 选材的特点

在造型特征设计模型的制作过程中，为满足其创意环节提出的各类要求，所选材料通常兼具快速构思和精细表现功能。

造型特征设计模型形态的创意构想包括造型语言方案的形成、造型特征设计等环节，各环节对模型制作提出的要求存在差异。形成描述模型形态的造型语言方案包括已有造型语言方案适配产品原型的过程，要求模型制作实时反馈原型约束结果；造型特征的设计包括定性和定量两种类型，要求模型制作能够快速反馈定性设计结果，并能精细微调模型外观。因此，理想的模型材料兼具快速构思和精细表现功能，具有适用的外观属性和良好的加工特性，能够满足各创意环节对模型制作提出的各类要求。

2. 材料的主要类型和常用组合形式

造型特征设计模型的材料通常为块材，部分选用线材和网状面材的组合形式。

1）材料的主要类型

当定性或定量设计造型特征时，各造型特征存在互相牵制和影响的关系。模型材料应尽可能同时满足各造型特征提出的不同表现需求，从而快速协调各造型特征间的关系。此外，模型对造型特征的表现涉及线、面、体各层面，通常体块的表现需求涵盖线和面。因此，能够满足体块表现需求的模型材料，往往能够满足多类造型特征提出的不同表现需求。换言之，块材用于制作造型特征设计模型具有更强的适用性，能够实现快速的创意表现。

2）材料的常用组合形式

当模型形态各形式要素的创意要求存在较大的高低差异时，应考虑将不同材料以组合形式用于模型制作。例如，当创意关注点不在型面，而在线型、图形、体块构成或体量比例时，可选用线材搭建模型形态的龙骨框架，然后在其外部覆盖网状面材形成蒙皮。采用这种线网组合的模型形态具有优异的变形及还原能力，尤其适合探讨造型语言与产品原型的适配度，因而这种线网组合是创意构想草模型常用的材料组合形式。

3. 材料的表现力

造型特征设计模型是能够输出形态方案的构思草模型，相对于其他构思草模型其具有更高的创意表现要求，合理地选材和搭配才能充分发挥并利用选材的表现力及其优势。

1）材料表现力的要求

造型特征设计模型可记录形态方案的生成过程和最终状态，其对材料的要求涉及创意构想的记录和形态方案的记录两个方面。前者力求记录内容合理明确，需要有效尝试、评价及筛选创意构想，这就要求模型能及时、清晰地将之记录，其材料应具有快速、准确表现创意构想的能力。后者力求所记录的内容全面、准确，需要合理验证、评价及优化形态方案，这就要求模型能完整、真实地将之记录，其材料应具有全面、精确表现形态方案的能力。

2）材料表现力的利用方式

材料表现力由材料外观属性和加工特性两种客观因素共同决定，根据表现的具体要求合理选材才能充分发挥并利用各选材的表现力。此外，根据表现要求合理搭配不同的选材，能使选材的表现优势互补，从而弥补单一材料表现力不足的问题，并同时体现各材料的表现优势。

2.4.4 造型特征设计模型的制作内容及方法

1. 模型制作所涉及的创意内容

造型特征设计模型制作所涉及的创意内容包括分析产品原型约束、制定原型约束规则、造型语言方案适配原型、验证造型语言方案、确立造型主题、定性设计造型特征、定量设计造型特征等创意任务的内容。

1）分析产品原型约束

造型特征设计模型的形态创意，将探索产品原型的未来可能形态。未来可能形态在一定程度上受产品原型约束，因此原型的形态相关约束是形态创意过程的首要探讨内容。

对产品原型约束的分析应符合多维与动态分析原则。首先依据创意定位明确产品原型，结合其进化趋势界定产品未来原型的必要约束范围，然后在必要约束范围内展开约束分析并得出结论，最后将结论分为定性约束和定量约束两种类型。

（1）明确产品原型

特定产品的原型是特定产品所属类型的指征集合，代表某一类产品的完整定义特征，其定义涉及功能、工程、技术、造型及规范等多个方面。因此，需从以上方面对创意定位进行综合分析，通过创意定位与产品原型的契合度来决定采用何种产品原型来约束创意。

（2）界定原型必要的约束范围

探讨产品原型在功能、工程等所有方面的约束，往往缺乏针对性和必要性，因此，可根据创意目标的具体需求及未来原型的概念定义来界定原型必要的约束范围，以使创意更加快速和高效。

（3）在必要的约束范围内分析约束内容

在所界定的必要约束范围内，从功能实现、工程可行、技术应用、造型趋势、标准规范等方面分别展开形态相关约束内容的分析。

① 功能实现

形态创意能否实现功能，由创意预设时间场景的工程与技术水平决定。因此，从功能实现角度分析形态相关约束，需预测未来工程与技术水平并分析得出其所能支撑形式与功能的合理匹配关系，这些将构成形态创意的功能约束。

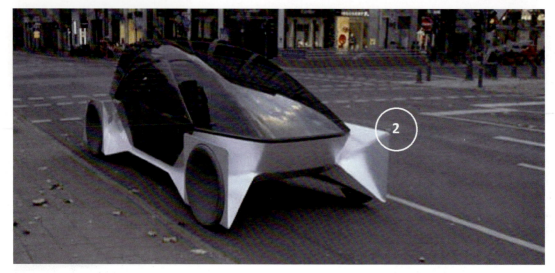

② 工程可行

　　形态创意是否工程可行，其评判依据为形态创意是否满足工程发展趋势提出的相关要求。因此，从工程可行的角度分析形态相关约束，应考察人机关系、材料及其加工工艺、总体布局设计与配置等方面的工程发展趋势要求，这些将构成形态创意的工程约束。

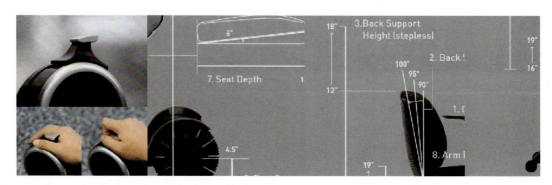

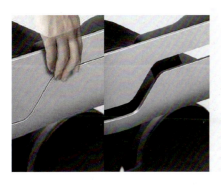

③ 技术应用

　　形态创意不仅需符合技术应用趋势的相关要求,还应体现相关技术应用趋势的造型优势。因此,从技术应用角度分析形态相关约束,应考察制造、能源、传动、控制、材料、人机交互、安全防护及节能环保等方面技术应用趋势的要求与造型优势,这些将构成形态创意的技术约束。

④ 造型趋势

　　形态创意应符合目标产品的造型趋势,需满足造型趋势提出的相关要求,并为造型趋势提供合理的价值取向。因此,从造型趋势角度分析形态相关约束,应考察审美需求、流行时尚、造型风格、品牌文化等方面的趋势要求和价值取向,这些将构成形态创意的造型趋势约束。

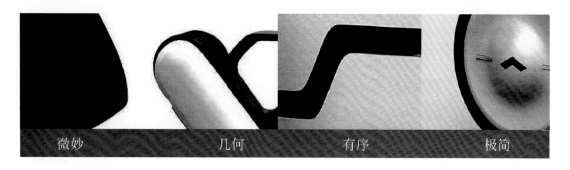

微妙　　　　　　　几何　　　　　　有序　　　　　　极简

⑤ 标准规范

形态创意应符合标准规范，需满足从当前到创意预设时间点可延用的相关规范与标准的要求。因此，从标准规范角度分析形态相关约束，应考察现行的交通法规与安全标准、设计与技术规范、行业标准等方面的可沿用要求，这些将构成形态创意的规范与标准约束。

（4）区分定性和定量两类约束

上述环节所得约束分析结论，由概念层面的逻辑约束描述和对象层面的数值约束描述构成。前者用于定性约束形态创意的概念关系，后者用于定量约束形态创意的对象属性，因此，需将两者分别对应定性和定量两类约束。

2）制定原型约束规则

制定原型约束规则，即是将所得原型约束通过特定格式描述为若干约束规则。各原型约束将对应定性或定量两种类型之一，不同类型需分别应用不同的规则描述格式。

（1）描述定性约束规则

来自功能、造型或技术的原型约束多为定性约束，定性约束仅描述形态创意概念关系的逻辑正负，其简洁合理的规则描述格式应为形态创意的概念关系及其逻辑正负。

（2）描述定量约束规则

来自工程或规范方面的原型约束多为定量约束，定量约束仅描述形态创意对象属性的数值范围，其简洁合理的规则描述格式应为形态创意的对象属性及其数值范围。如下表所示的电动轮椅国家标准。

项　　目	室内型、室外型	道　路　型
总长 L /mm	≤ 1200	≤ 1600
总宽 B /mm	≤ 700	≤ 750
总高 H /mm	≤ 1090	不做规定

3）造型语言方案适配原型

模型形态待表现的造型语言方案提炼自以语言模型为主的创意素材，虽然语言方案能够表达素材的感性主题与核心语义，但其构成和产品原型是否存在冲突尚属未知，因而无法保证其描述产品原型可能形态的可行性及有效性。鉴于此，语言模型等创意素材提供的造型语言方案，在描述原型可能形态前应受产品原型约束。约束过程应充分利用语言方案自身的特有创意知识，并力求其理想语义的表达达到理论预期，以提高语言方案与产品原型的适配度。

（1）约束语言方案

语言方案是形态概念的描述主体，仅适合在概念层面对其进行逻辑约束，需应用定性约束规则来约束。语言方案通过其构成语汇及其组合关系来描述形态概念，对两者的合理约束将使所述形态概念符合原型及其进化趋势的要求，从而保证其产品原型可能形态的描述可行有效。

用于约束语言方案的定性约束规则仅描述逻辑正负，即仅就描述对象的是非或有无问题进行规定，因此语汇的定性约束实质上是筛选并保留合理语汇的过程，而语汇组合关系的定性约束则是筛选并保留理想语汇组合关系的过程。

① 筛选构成语汇

语汇通常对应各种词性，不同词性的语汇其内涵存在明显差异，应选取与各语汇内涵相关的定性约束规则进行有针对性地约束，以快速判断语汇是否合理。举例说明，假设某待约束语汇为脱离，此时选取的技术约束规则经考察产品应用磁悬浮技术的可行性而提出，如不可行即表明不得存在形体悬空现象，通过此规则约束可得出语汇不合理这一结论。

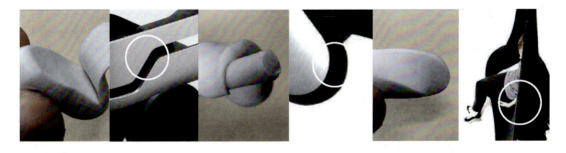

② 筛选语汇组合关系

语汇组合关系的定性约束是筛选并保留理想语汇组合关系的过程。特定语汇以特定组合关系表达特定语义空间，应从中筛选出与定性约束规则的描述高度契合的语义，所对应语汇组合关系即为理想关系。举例说明，假设语汇组合关系为垒高并错位，可表达周全、挑战、因果等语义，另外，某造型趋势约束规则经考察品牌文化价值而提出，其描述为创新面向社会未来，该描述和语汇组合的上述语义高度契合，表明该语汇组合关系较为理想。

（2）利用创意价值

已有约束规则由原型约束分析得出，未考虑语言方案自身特有的创意价值，通过其判断语言方案的可行性与有效性存在局限性。因此，应从语言方案对产品原型未来可能形态的描述中发现其特有的创意价值，重新审视对创意价值体现形成限制的约束规则。当规则的现实约束意义明显低于语言方案的创意价值时，应在适配时忽略这部分规则，结合剩余规则和目标感性与语义来反向推理产品未来原型的必要特征定义，依此重构出原型新的合理概念及与之对应的约束规则体系供适配。

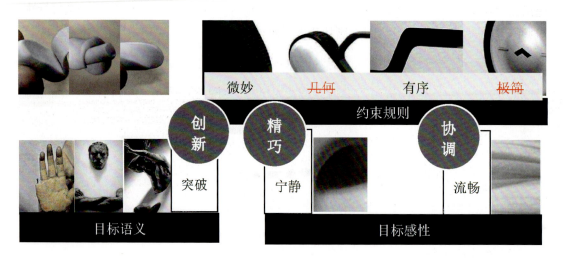

4）验证造型语言方案

造型语言方案适配产品原型后，设计者可尝试将其用于实际描述模型形态，此描述过程将验证语言方案的可行性和有效性。描述模型形态是模型表现语言方案的过程，其表现内容与要求和其他创意构思草模型大致相同，同样应把握语言描述的形式要素对象的创意等级，并依据其等级依次进行创意表现。

语言方案经前述原型适配无须修正时，应用其描述的造型语言探讨模型即可直接用于验证语言方案。值得注意的是，无论语言方案是否能通过验证，均需继续探索方案的其他形态描述可能以供进一步验证。这不仅能提升验证结论的全面性和准确性，还能实现同一语言方案的多种形态描述对比，以此来发现优化形态描述的可行方向。

（1）验证可行性

　　语言方案是否可行取决于方案实际描述的模型形态是否符合原型约束规则，该规则既包括已有约束规则，也包括基于潜在的必要约束关系而提出的未定约束规则。语言方案从理论角度适配原型，其考察难以覆盖原型实际存在的所有约束关系，因此，即使语言方案描述的模型形态符合所有已有约束规则，验证结论也不能被确认为方案可行。

　　所描述模型形态的具体情况决定某些潜在约束关系是否存在约束意义，换言之，模型形态所处的某种状态将使若干潜在约束规则的制定与应用产生必要性。例如，某语言方案描述的地铁列车形态的部分车体处于悬空状态，因其特异性而未受到任何已有约束规则约束，即超出预设列车未来原型的必要约束范围，此时需制定与应用新约束规则来再次验证其可行性。所制定的新约束规则应和车体悬空密切相关，如考察陡坡适应功能、磁悬浮技术、车身制造工程、轻型材料应用等提出的约束规则。

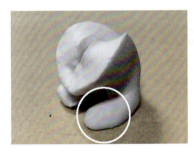

（2）验证有效性

　　语言方案有效性的验证，就是指验证语言方案实际描述的模型形态是否能够表达预期的理想语义。因此，语言方案有效性的验证有赖于模型形态语义的合理解读。

　　合理的语义解读需提取模型形态实际体现的造型语言，然后通过推导明确其语义。模型造型语言的提取，先通过对模型形态的形式要素设计特征的直接观察和逆向推理来确定语汇空间，再通过形式要素设计特征间的关联分析来推断语汇表达逻辑。所提取造型语言的语义，可直接通过语言的语汇概念和语汇组合逻辑来推导，或结合语言的典型应用情境来强化推导结论。以上与语义解读有关的内容的详细介绍可查阅意象模型相关章节。

（3）优化语言方案的描述形态

经验证的描述形态如存在感性或语义表达缺陷，即表明其表达感性或语义所需必要造型特征的属性不够完整、明显，此时应优化特征属性以去除表达缺陷。

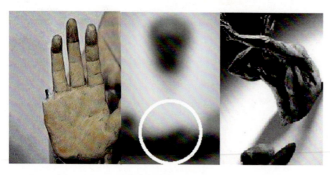

5）确立造型主题

经验证所筛选出的合理造型语言方案，将通过所表达形式要素的设计特征来描述模型形态，并形成模型形态的造型特征，设计者可由此解读出特定感性与语义。所形成的造型特征可能存在对比甚至冲突关系，为利于调和应预先确立造型主题并用其引导造型特征的设计。

造型主题是语言方案对造型概念的描述应表现的中心思想或主要内容，即语言方案所需表达目标感性与语义的主要成分。造型主题的确立不仅需要明确造型主题的内容，还要以直观形式描述以利于造型特征设计。因此，首先需要明确目标感性与语义的主要成分，然后筛选出对两者表达最具贡献的形式要素及其设计特征，最后将其用于描述具体形式对象的特征并由此形成直观的造型主题。

（1）明确目标感性与语义的主要成分

语言方案需表达的目标感性与语义已分别在搜集创意素材前和进行语言探讨模型的形态创意时明确，此时的主要任务是提取两者的主要成分。主要成分是在创意定位所明确的若干感性关键词和语言探讨模型的目标语义中，最具共鸣度及价值的关键词和语义片段。

（2）筛选形式要素设计特征

语言方案所需表达的各种形式要素设计特征主要来源于语言模型，它们所形成的模型造型特征，对目标感性与语义主要成分表达的贡献度不同。由高贡献度的形式要素设计特征所形成的造型特征通常对目标感性与语义主要成分的表达能力更强，能同时保证内容表达的高效性、准确性和完整性。

（3）描述造型主题

造型主题是语言方案所需表达目标感性与语义的主要成分，其概念描述缺乏具体形式对象，这种抽象性和宽泛性使之对造型特征设计的引导功能偏弱。因此，有必要将其描述为线（包括图形）、面或体等具体形式对象的造型特征，以此强化造型主题的引导功能。表达造型主题的造型特征应对目标感性与语义的表达起关键作用，需应用已定义语汇所表达的高贡献度形式要素设计特征来描述。

体块主题　　　　　型面主题

6）定性设计造型特征

各局部造型特征需依次展开定性和定量设计，前者设置模型形态应有的特征属性，后者为特征属性合理赋值。

对于造型特征的定性设计，设计者首先尝试切换造型主题在模型中所处的部位以探讨其布局方案的更多可能性。当主题布局方案经原型约束规则验证合理后，设计者方可围绕主题展开模型其他部位的造型特征定性设计。此时的造型特征定性设计，既是用语言方案描述模型应有造型特征属性的过程，也是将已有形式要素的设计特征体现于模型形态的过程，前者的描述结果必须满足后者的要求，以避免目标感性与语义的表达偏差。

（1）探讨主题布局方案

为充分发挥造型主题的创意价值，应尝试改变造型主题的现有布局以获得更多合理的布局方案。前述环节形成的造型主题的直观描述，此时需进行必要的形状及空间变换，包括主题形状的缩放、变形与反转，以及形状在空间的倾斜、位移、镜像与复制等各类可能操作。经变换的造型主题需表现于新模型，并通过原型的定性约束规则验证其合理性。

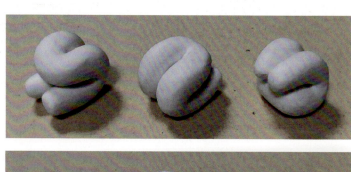

（2）定义完整特征属性

造型主题之前被描述为线、面、体的造型特征，其布局使模型已具有若干主要特征及其属性。此时模型应有的其他特征及其属性，需提取自前述语言方案所描述的模型形态，以全面继承其完整语义。举例来说，假设造型主题为具有半包裹性的薄面，描述主题的形式要素设计特征为型面卷曲，语言方案所描述的模型形态的特征属性还包括边界清晰度、线型连续度、体量对比度等，为全面继承完整语义，新模型还需体现上述特征。

 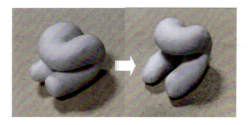

（3）确定特征属性的表现顺序

特征属性在模型上的表现，需理清特征属性对主题的影响或作用，据此明确特征属性的重要程度并按由高到低的顺序依次表现。在上述案例中，模型待表现的特征属性包括边界清晰度、线型连续度、体量对比度等，三者对主题的影响或作用按由大到小排列时保持当前顺序不变，因此重要程度依次降低，需按序依次表现。

（4）表现特征属性

特征属性的表现需结合语言方案描述的造型概念进行，以保证语言方案在模型形态描述中的主导地位。上述案例中，假设语言方案的描述为将对象 A 挤压进对象 B 的表面，那么所有特征属性的表现需在语言方案的表现基础上进行，即先表现挤压表面，再依次将边界清晰度、线型连续度、体量对比度等的表现融入其中。

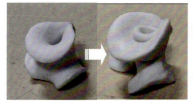 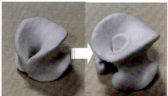 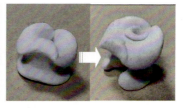

7）定量设计造型特征

造型特征的定量设计，以前述筛选出的合理特征布局方案为基础。特征布局方案已由随机形成的特征属性赋值，因此，此时特征定量设计的主要任务是优化属性值。属性值的优化需界定属性赋值的合理区间，并在此基础上优化属性值的组合关系。

（1）界定属性赋值的合理区间

特征属性赋值的合理区间由原型定量约束规则界定。特征属性的任意赋值均符合原型约束规则，即表示该属性的任意赋值区间均合理，此时无须进行任何界定，反之，则需筛选出与特征属性有关的定量约束规则，用其界定属性赋值的合理区间。

（2）优化属性值的组合关系

属性值的现有组合关系仅受原型约束规则的约束，通常不能满足目标感性与语义表达强度、造型辨识度、美学规则等要求，因此需对其展开进一步优化。

为满足以上各类要求，需要在合理赋值区间内对各特征属性进行取值，同时视其能重点满足的若干要求进行有针对性的数值优化。当经数值优化仍有部分要求未能满足时，需从各特征属性的局部数值优化转向全体特征属性的整体数值组合关系的优化。此时应兼顾所涉及的特征属性各自的合理赋值区间，在之前数值优化的基础上对各属性值进行同步微调，以最终满足所有美学规则要求。

2. 模型制作所涉及的创意方法

造型特征设计模型制作所涉及的创意方法包括分析产品原型约束、制定原型约束规则、造型语言方案适配原型、验证造型语言方案、确立造型主题、定性设计造型特征、定量设计造型特征等。

1）产品原型约束分析方法

（1）明确产品原型

采用何种产品原型来约束创意，由创意定位与产品原型的契合度来决定。创意定位所预设目标产品的功能概念清晰度关系到产品原型搜索范围的大小，功能概念清晰时原型搜索可聚焦于若干类似功能的产品原型，其中包括与创意定位最契合的产品原型。因此，应首先清晰描述预设目标产品的功能概念，然后从类似功能的产品原型中筛选出在工程、技术、造型、标准规范等方面与创意定位最契合的原型，这便是快速明确产品原型的方法。

（2）界定约束范围

为符合原型约束的动态分析原则，在界定原型必要约束范围之前，需结合可用技术与目标用户需求的发展趋势推理原型的多种进化可能，即定义出未来原型的多种可能概念。从未来原型的概念描述中可获知该原型约束的必要构成，其将表明该原型的必要约束范围。例如，将未来共享新能源车原型的概念定义为自动驾驶娱乐型智能移动空间，由此定义可知，功能和技术为必要约束范围。

（3）分析约束内容

从功能实现、工程可行、技术应用、造型趋势、标准规范等角度分析约束内容，需预测未来工程与技术水平并分析得出其所能支撑形式与功能的合理匹配关系，考察工程发展趋势要求、技术应用趋势要求与造型优势、造型趋势要求和价值取向、现行标准规范的可沿用要求等。对于以上对象的分析和考察，除查阅相关文献获取所需信息外，还可从最新发布的概念产品的设计理念获得提示。因此，设计者平时应养成收集此类素材的良好习惯，主动挖掘并记忆其中提示的可用信息，以便形成知识储备以供后续创意实践时调用。

（4）区分约束类型

将约束区分为定性和定量两类，即区分约束执行对象概念的具体程度，抽象宽泛的执行对象，其描述将对应定性约束，具体明确的执行对象，其描述则对应定量约束。

2）原型约束规则制定方法

（1）描述定性约束规则

定性约束规则的描述格式为形态创意的概念关系及其逻辑正负。为使规则描述简洁明了，所选概念关系应较简单且利于理解，对应逻辑则需非正即负。例如，假设某跑车的功能约束规则有以下两种描述，描述一为可高速移动，描述二为有时可短时加速到较高速度，描述一的概念关系简明扼要，且对应逻辑正负明确，因此其描述方式较理想。

（2）描述定量约束规则

定量约束规则的描述格式为形态创意的对象属性及其数值范围。为使规则描述准确直接，所选对象属性应较完整，不易产生歧义，对应数值范围则需按模型比例换算。例如，假设某跑车的造型趋势约束规则有以下两种描述，描述一为高度 900 ～ 940mm，描述二为最高点高度 45 ～ 47mm（预设模型比例为 1：20），描述二的对象属性更完整，且进行了比例换算，因此其描述方式较理想。

3）造型语言方案适配原型的方法

（1）约束语言方案的构成语汇

语汇描述概念超出原型概念范畴，是导致语言方案无法适配原型的主要原因之一。原型建立在技术与工程基础之上，两者是原型概念范畴的定义要素，语汇描述概念不具备技术与工程基础，即意味着其超出原型概念范畴。因此，可从语汇描述概念的技术与工程可实现性上来快速判断语汇的合理性，从而实现语汇的快速筛选。

（2）约束构成语汇的组合关系

特定语汇以特定的组合关系表达特定语义空间，语义空间内包含已知的目标语义。目标语义为模型的形态创意目标，其设定已考虑原型概念的约束，即不存在与定性约束规则描述无法契合的问题。由此可知，一旦语义空间出现无法契合的现象，即意味着空间中除目标语义以外的语义无法契合。语义空间越小,即语汇组合多义性越弱,这种问题的出现概率就越低。因此,可通过语汇组合的多义性来快速判断组合关系的合理性,从而实现组合关系的快速筛选。

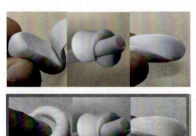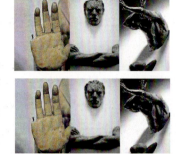

4)造型语言方案验证方法

(1)验证可行性

当语言方案描述的模型形态具有特异性时,将超出预设未来原型的必要约束范围,此时若干潜在约束规则的制定与应用将产生必要性。因此,当模型形态一旦出现特异性时,即可根据其特异性制定与之密切相关的新约束规则,从而使语言方案的可行性得到及时验证,以免在无谓的语言方案上耗费时间和精力。

(2)验证有效性

语言方案有效性的验证,即是验证语言方案实际描述的模型形态是否能够表达预期的理想语义,理想语义具有高共鸣度与价值。应从用户角度解读语义,并通过语义是否能在用户群中形成普遍共识并产生积极意义来判断其理想度,最终实现对语言方案有效性的合理验证。

5)造型主题确立方法

(1)明确目标感性与语义的主要成分

目标感性与语义的主要成分是创意定位所明确的若干感性关键词和语言模型的目标语义中最具共鸣度及价值的关键词和语义片段。两者的明确可通过对比各关键词和语义片段在用户群中形成共识的普遍程度和产生意义的积极程度来得出结论。

(2)筛选形式要素设计特征

形式要素设计特征的筛选,是从已有形式要素设计特征中,筛选出对目标感性与语义主要成分的表达贡献度较高的部分。筛选可从体现目标感性与语义主要成分的典型情境中的形象物获得提示,有高贡献度的形式要素设计特征往往映射更多情境形象物。

从容自若　　　　安详平和　　　　生机勃勃

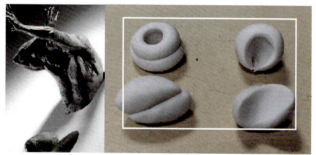

（3）描述造型主题

　　筛选出的高贡献度形式要素设计特征，在语言方案所描述的模型形态上所形成的主要造型特征，即是对造型主题的直观描述。主要造型特征通常属性单纯，且在模型中波及较大的空间范围，以线、面或体概括性地在新模型形态上单独表现，能将其体现的造型主题表现得更加直观、清晰。

6）造型特征定性设计方法

（1）探讨主题布局方案

探讨主题布局方案需要对造型主题的形状及空间进行变换。经变换的造型主题表现于新模型，需使新模型仍受原型约束。此外，造型主题还应继续在新模型上波及尽可能大的空间范围，以使其对目标感性与语义的表达具有主导性，从而提供合理的特征设计引导功能。

基于以上要求，主题布局方案的探讨应着力解决的问题是经变换的主题在受原型约束时，如何波及尽可能大的空间范围。设计者可先通过想象获得大致的主题布局概念，然后将之表现于模型进行实际验证。通过此法，设计者可更快速地探讨布局方案。

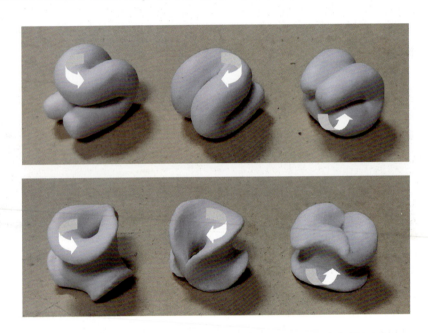

（2）定义完整特征属性

模型应有的主题范围以外的其他特征及其属性，需提取自前述语言方案所描述的模型形态，以全面继承其完整语义。为此，需对比语言方案所描述的模型形态和造型主题描述模型形态，后者相对于前者缺失的造型特征及其属性即为模型形态应具有的其他特征属性。

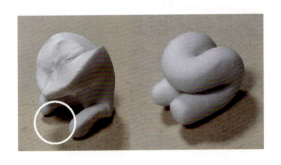
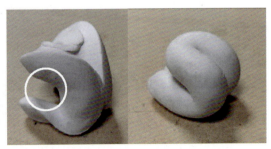

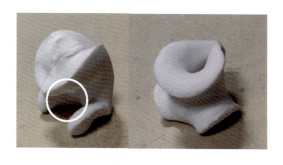 

（3）确定特征属性表现顺序

确定特征属性表现顺序的主要任务是对比各特征属性对主题的影响或作用的大小。将待对比特征的描述加入造型主题的描述后，所形成的新描述如包含冗余描述内容，即意味着该特征和主题的关联度较高，表明其对主题的影响或作用较大。因此，通过判断描述内容的冗余程度，可快速确定特征属性表现顺序。

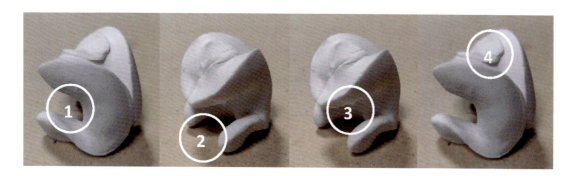

（4）表现特征属性

特征属性的表现，同样采取形状与空间变换方式探索各种特征布局的可能性。其探索方法和主题布局方案的探索无异，同样可先通过想象获得大致的特征布局概念，然后将之表现于模型进行实际验证，从而快速探讨特征布局方案。

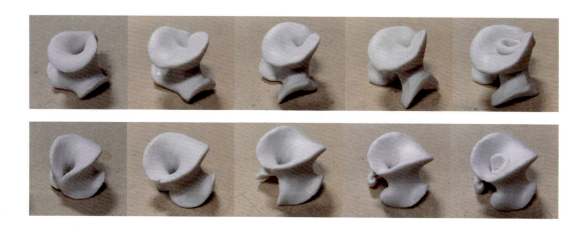

7）造型特征定量设计方法

（1）界定赋值合理区间

定量约束规则具有统一的格式，指明形态创意的对象属性及其数值范围，该数值范围通过换算即可得出属性赋值的合理区间。例如，某定量约束规则指明型面上所有点在 X 轴上相对坐标值的数值范围，则该型面的曲率合理赋值区间即可通过换算得出。

（2）属性值组合关系的优化方法

① 满足目标感性与语义表达强度要求

为满足目标感性与语义的表达强度要求，可加大造型主题范围内特征属性的赋值。特征属性赋值需要表现于模型形态，其调整以模型现有形态为基础，必然受制于模型现有形态及加工方式而影响其可行性。因此，在定性设计造型特征阶段，可预先对主题范围内的特征属性设置较大数值，从而规避此时赋值调整的可行性问题。

② 满足造型辨识度要求

为满足模型形态的造型辨识度要求，需要将特征属性值设置为合理区间两端的极限值，以使造型特征具有更高的特异度。因造型主题范围内特征属性已在前述环节赋值，故无须再调整，而其他需设置极限值的特征属性，也将面临前述赋值调整的可行性问题，因此，同样可在定性设计造型特征阶段，预先对其设置极限值。

③ 满足美学规则要求

为满足所有美学规则要求，在局部优化特征属性值后，还需从整体角度对特征属性值的组合关系进行优化，即需要同步微调各特征属性值。同步微调如缺乏必要的规划将面临重复执行问题，因此可先分析各属性值微调对产品审美和形式美将产生的效用，然后优先执行能产生更佳效用的属性值微调。如此执行微调的结果将降低其他属性值微调的必要性，从而使同步微调更加高效。

第**3**章

形态创意表现草模型

3.1 表现草模型概述

3.1.1 表现草模型的概念

形态创意表现草模型（简称表现草模型）指在形态创意各阶段，以验证、评价形态阶段性构想或形态方案为主要目的，对处于头脑或图纸的创意构想进行快速立体表现，或对反映较完整创意构想的构思草模型进行形式与结构上的优化，得到的能概略反映创意构想或形态方案的造型模型。

形态创意表现草模型是在三维立体环境中，使用线材、面材及块材形式的模型常用材料，通过简单加工工艺及流程制作的造型模型。这类造型模型的形态虽然不追求高仿真度，但为提高其形态验证与评价的工作效率和结论可信度，设计者往往倾向于使用专业模型材料对其进行制作。表现草模型为形态创意过程提供立体的视觉形象，视觉形象是否现实存在并不会从本质上影响创意效果，因此表现草模型也包含实物和数字两种形式。

表现草模型的制作通常有赖于造型语言、感观属性、造型语义、形式要素及造型特征等更具体的概念定义，相对于构思草模型而言，其用于创意验证和评价所得出的结论更加全面、明确，是具有更强创意验证和评价功能的创意草模型。表现草模型通常具有更高的表现要求，与构思草模型相比能提供更高的造型解析度，是能更加完整、精确表达造型特征的创意草模型。

表现草模型和构思草模型是创意草模型的两大类型，两者在概念上既有共通之处又有明显差异。形态创意有赖于同时应用构思和表现手段，创意过程是构思和表现紧密融合的过程，因此两类草模型从广义上均可泛指创意定性前创建的所有概略模型，即创意草模型。由此可知，两类草模型可视为创意草模型的不同表现形式，本质上均属创意草模型的概念。从理论角度明确区分两类模型时，表现草模型专指以验证和评价创意构想为主导功能的表现型草模型，其技法研究更多关注形态构思过程中的立体表现问题，侧重于研究立体表现匹配形态构思的相关模型技法。

3.1.2　表现草模型的类型

形态各形式要素的创意提出不同的表现需求，应用多种功能类型的表现载体可以更有针对性地满足需求。使用草模型作为表现载体时，为满足不同形式要素的表现需求，可依据形式要素类型来界定草模型的不同表现范围和功能。表现草模型可分为线材草模型、面材草模型和块材草模型。

1. 线材草模型

线材草模型是使用金属丝、塑料线等常用模型线材制作的创意表现草模型，是能被快速搭建的具有线型相关创意功能的模型。线材草模型能够快速表现形态的比例、姿态、线型、局部型面和轮廓，是设计者用于快速构思形态轮廓、比例、型面、线型的创意载体。

线材草模型制作直接构思和表现的对象包括轮廓线、特征线、截面线、过渡线及线间关系等，并且一般遵循以下顺序：外轮廓线或转角轮廓线→整体截面线和主要特征线→内轮廓线、局部截面线和次要特征线→中间截面线和过渡线。线材草模型制作应及时将形态轮廓、比例、型面、线型等的构思内容表现于模型，侧重于表现形态的线型结构及比例，姿态属性及轮廓、型面和线型（包括图形）三者的特征，对轮廓、型面和线型（包括图形）的曲率连续性的表现精度要求较低。

线材草模型制作包括构件成型和组装两项内容，需完成骨架、蒙皮及连接件的单独制作和整体组合，单独制作通常涉及估测、剪切、靠模、弯曲、缠绕等操作步骤，整体组合还涉及定位、紧固等。其制作技法主要包括构件成型技法、组装技法和修正技法，成型技法应用于骨架、蒙皮、连接件的单独制作，组装技法应用于包含以上任意两个构件的组合体制作，修正技法应用于改善构件或组合体的形状。

2. 面材草模型

面材草模型是使用纸板、塑料板等常用模型面材制作的创意表现草模型，是能被快速搭建的具有型面相关创意功能的模型。面材草模型能够快速表现形态的结构、姿态、体量比例、尺寸关系、型面和轮廓，是设计者用于快速构思形态结构、比例、姿态、轮廓及型面的创意载体。

面材草模型可以采取多种构造方式，如平面的纵横插接、层叠累加，或曲面的空间组合等，其制作直接构思和表现的对象包括面的轮廓和截面、面间空间关系等，并且一般遵循外轮廓截面或主要特征面→内轮廓截面或次要特征面→中间截面或过渡面的顺序。面材草模型制作应及时将形态结构、比例、姿态、轮廓及型面等构思内容表现于模型，侧重于表现形态的型面结构及比例，姿态属性及轮廓、型面和线型（包括图形）三者的特征，对形态轮廓、型面和线型（包括图形）三者曲率及尺寸关系的表现精度要求较低。

面材草模型制作包括构件定样、成型和组装三项内容，需完成构件的单独制作和整体组合。单独制作通常涉及定样、裁切、折弯、弯曲等操作步骤，整体组合还涉及打孔、施胶、测量、开槽、插接、钉接、打磨、加固等。其制作技法主要包括构件定样技法、裁切与成型技法、组装技法和修正技法，定样技法应用于构件上方图样的制作，裁切与成型技法应用于构件轮廓线及截面线的制作，组装技法应用于构件和连接件的组合体的制作，修正技法应用于改善构件或组合体的形状。

3. 块材草模型

块材草模型是使用油泥、泡沫塑料板等常用模型块材制作的创意表现草模型，是能被快速塑造的具有体块相关创意功能的模型。块材草模型能够快速表现形态的各种形式要素，其中，结构、轮廓、比例、姿态的表现尤为快速，是设计者用于快速构思轮廓、比例、姿态的创意载体。

块材草模型制作直接构思和表现的对象包括各体块单元的型面、线型与相互关系，并且一般遵循体块→型面→线型（包括图形）的顺序。块材草模型制作应及时将形态轮廓、比例、姿态等构思内容表现于模型，侧重于表现形态的体块结构及比例、姿态属性及轮廓、型面和线型（包括图形）三者的特征，对形态轮廓、型面和线型（包括图形）三者曲率连续性的表现精度要求较低。

块材草模型制作包括材料标定、构件成型和组装三项内容，需完成构件的单独制作和整体组合。单独制作通常涉及估测、标记、切挖、刮削、磨削等操作步骤，使用添加法时还包括揉捏、贴敷、捏塑等，整体组合则涉及嵌合、黏结、插接等。其制作技法主要包括材料标定技法、构件成型及组装技法，标定技法应用于材料和目标造型间差异度的测量与标记，成型技法应用于构件造型的塑造，组装技法应用于构件和连接件的组合体的制作。

3.1.3 表现草模型的作用

1. 合理推进创意进程

表现草模型的制作以验证和评价创意构想为主要目的，其创意构想受较多理性因素的约束，因而表现出较强的客观性。此外，表现草模型虽然形态概括，但其创意构想的表现需考虑整体性问题，因而表现出较强的逻辑性。创意构想和表现的以上特点，使表现草模型具有了合理推进创意进程的作用。

2. 形成合理创意构想

表现草模型的制作材料倾向于选用模型常用线材、面材和块材，它们对线、面和体的创意构想、表现、验证和评价具有天然优势，用于立体形态创意更具适用性和针对性。由此模型更易客观反映创意构想的真实状态，并突显出其可行性问题，这类问题的解决无疑将提高创意构想的合理度。此外，模型构思的客观性和表现的逻辑性，使设计者能够获得更优创意思路，从而形成更合理的创意构想。

3. 提供理性设计知识与经验

作为以验证和评价创意构想为主要目的的创意草模型，表现草模型应用于形态创意时，其创意验证和评价更加注重客观性与合理性，有赖于理性设计知识与经验的获取与应用。此外，为特定创意构想所制作的若干表现草模型，其形态虽然存在差异，但各具合理性和可行性，能体现设计者较强的理性造型思维。因此，表现草模型能提供理性设计知识与经验。

4. 促进收敛性创意思维的发展

表现草模型的创意需要验证和评价多种创意路径作用下的创意实践及其成果，通过对比来筛选出更合理的创意方向，而收敛性创意思维恰恰是一种有方向、有范围、有条理的思维方式，可高效优化创意的有效维度与空间，能够优选出高价值创意构想，因此成为验证与评价创意构想的主要思维方式。由此可见，创意思维的收敛性是表现草模型创意实践的需求，其优化创意有效维度与空间的独有优势，使之成为该实践过程中创意思维应具有的必要属性。收敛性创意思维在表现草模型的创意实践中反复应用，得以不断巩固与强化，也就是说表现草模型能促进收敛性创意思维的应用及发展。

3.2 线材草模型

线材草模型是使用金属丝、塑料线等常用模型线材制作的创意表现草模型，是能被快速搭建的具有线型相关创意功能的模型。

3.2.1 线材草模型的功能及特点

1. 线材草模型的功能

线是形态构思和表现的易用对象，也是草模型形态的易制对象。相对点和面而言，用线构造模型具有特定的优势。单点的信息承载量极为有限，而用多点组合构形又存在效率低下的问题。面的信息承载量虽大，但其相对于点和线提出更高的制作要求，也不易控制其精度。线则介于点和面之间，能够承载一定的造型信息且制作难度较低，具有较高的制作效率和精度。线材草模型通常用于评价形态的轮廓、比例、线型等形式要素，而对型面的表达解析度及效率则不及其他草模型。

1）构思功能

线材草模型是设计者快速构思形态轮廓、比例、型面、线型的创意载体，是能被快速搭建的具有线型相关创意功能的模型，其制作是对线的线型、曲率及空间关系等构思的过程，易于评价与线的轮廓有直接关联的比例、型面等形式要素。

2）表现功能

线材草模型能够快速表现形态的比例、姿态、线型、局部型面和轮廓等，其通常不具备实体特征，形态对空间体积的占有主要依靠线条来暗示。通过具有高度概括性的线条及其有序组织，能够高效表达形态比例和姿态，仅对截面线和局部轮廓线进行简单勾勒，就能体现型面和轮廓的重要特征。

2. 线材草模型的制作优势

1）构造简单

用于模型制作的各种线材，虽然其创意的具体要求可能存在些许差异，但这些要求本质上都是为了更好地探索线的空间变化及组合。为了实现线的空间变化和组合，只需应用简单技法处理线材，加之线材草模型本身结构并不复杂，因此采取简单构造方式即可完成线材草模型制作。

2）构思全面

线材草模型制作通过线条来构思创意，其有限线条需承载丰富的创意内容。为了简化模型结构以便高效表达，线条需兼具较高的对象概括力和内容承载力，因而用线构思形态力图全面覆盖形式要素。构思内容将同时涉及除线型以外的更高阶形式要素，既包括比例、型面等受单独线型构思影响较大的形式要素，也包括姿态、轮廓等整体性强不易受影响的形式要素。姿态、轮廓等强整体性要素的构思，所涉及的具体对象数量更多且关系更复杂，有利于开发设计者的构思路径并提升其系统分析能力。

3）表现精确

线材的外观属性及加工特性，决定了线材草模型可具有更高的表现精度。此外，线材草模型构造简单且构件间的遮挡关系少，因而操作空间更自由，易精确调整构件线型及位置关系。

4）调整快速

线材草模型的调整为构件局部更改或整体替换，两者的共同目标是改变模型线条轮廓以使之准确表达，因此调整构件线型是模型调整的重要内容。线材草模型的线型表达比其他模型的效率更高，且其构件的形状调整受材料及加工特性的限制较少，因而其线型调整在各类草模型中速度最快。模型使用形状可还原性更强的线材，构件的线型调整仅需再次弯曲线材即可完成，具有相对突出的线条重塑能力和高效性。

5）对称方便

线材草模型的构件复制较简单，可同时弯折多根材料达成。对于多数模型来说，形态需保持对称性，对形态的镜像操作大多较困难。但对于线材草模型骨架而言，镜像其形态所用的对称构件可直接使用复制件，这符合交通工具形态和线材构件成型的特点。交通工具特有的美学准则要求形态线型各部分具有较一致的张力方向，多数线条可完全贴合平面。因而线材草模型对构件的镜像操作大多可由复制件替代完成，加之构件复制简单，使得该类模型的形态镜像比较方便。

3. 线材草模型及其制作特点

1）线材草模型的特点

（1）高度概括性

线材草模型以具有高度概括性的线条来表现体块、型面等更高阶内容，即用简要且略显抽象的形式表现复杂、具体的形态。模型从待表现形态中提取出能代表形态高阶内容的精要元素，这些元素需用线条概括性地表现，通常包括轮廓线、特征线、截面线、过渡线、反射线等，成为模型线条创意的主要对象。

（2）独有通透性

线材草模型以线构形，以这种方式构造的模型形态具有独有的通透性，使之能方便地和其他模型形式融合，因此创意更快捷、全面。例如，完成的线材草模型经多视角拍照采集线条数据，模型线架的通透性使照片无须处理即可直接置入逆向建模软件，而且通透的线架所提供的对称造型内容较直观，便于建模中的对称性检测和坐标标定，使建模具有较高的效率与精度。所得数字模型既可用于生成带有高阶造型内容的新模型，又能快速推进创意进程。

2）线材草模型的制作特点

（1）问题简单化

线材草模型制作是运用简要线条探讨复杂造型问题的过程。创意草模型制作均涉及结构、比例、姿态、型面、图形等形式要素，这些要素的创意等级依次降低，其中，相对高阶要素的构思和表现结果将影响低阶要素的内容，这一过程难免会面临复杂性问题。线材草模型将这些高阶对象的复杂问题，简化为低阶对象相对简单的问题，降低难度的同时提供更高效易用的解决方案。例如，通过简要线条表现特征线、截面线、过渡线和反射线，以此来推敲型面的属性及其主次、位置和过渡关系，能将型面原本需经大量工作才能表现的设计特征快速呈现，最终形成合理、有序、主题鲜明的形态。

（2）表现精简化

线材草模型以具有高度概括性的线条来表现高阶要素的创意内容，其线条的运用效能要求更高。为提高线条的运用效能，除选用较强表现力的合适线材外，还需评估线条对创意内容的承载力和对模型结构的支撑力，删减有重合效用的低能线条，从而精简模型结构。

（3）构思具体化

线材草模型的制作过程表现出较明显的构思具体化特点。线材草模型所提供的信息相对其他草模型更加有限，空白信息片段的填补需靠观察者的想象或推理完成。模型制作过程中设计者同样在填补信息、塑造形态的同时，也在想象更完整的形式，通过对已有造型概念的推理逐步完成最终形态。随着对形式想象和概念推理的不断深入，构思及其结果也逐步具体化。

（4）过程逻辑化

线材草模型构件的调整易破坏模型结构的稳定性，严重时甚至需整体返工。为了尽量减少此类负面影响并提高制作效率，要求构件在表现形态时严格按照构思的逻辑要求有序地制作，即形态的构思逻辑和表现逻辑应具有统一性。这既可大幅度避免重复且实效较低的构件调整工作，又能将不可预期的负面影响控制在相对合理的更小范围。除统一性外，形态的构思逻辑和表现逻辑还应兼具科学性。因此，构思逻辑应按照形式要素创意等级来确定，且表现逻辑应同时满足构思逻辑及模型搭建可行性的要求。

（5）评价理性化

线材草模型为非实体框架结构，形态构成单元间的遮挡关系较少。这一特点使得模型形态能够突显其立体构成的内容，尤其是其中线组合的构成内容，因而能提供有别于其他模型的评价维度。以线构形所得模型形态的造型解析度偏低，虽然对其造型内容的评价存在模糊性，但模型对线的强表现力能清晰、全面地呈现线构内容，易于发现有赖于线构内容突显的潜在理性问题。这类问题贯穿模型制作过程，需要依靠理性思维来解决，其效果评价亦趋于理性。

3.2.2 线材草模型的材料与工具

1. 材料要求

线材草模型的选材应优先考虑其对形态创意的适用性，然后兼顾制作效率、加工难度等要求。

1）构思与表现要求

线材草模型通过材料形状的空间变化来构思和表现创意内容。为了方便构思过程中探讨材料形状及其空间变化，要求线材具有一定的定型能力和变形能力，以及可重复调整性。为了方便表现过程中记录创意内容和撤销不良记录，同时要求材料具有模型结构支撑力、抗变形能力及清除便利性。另外值得注意的是，线材草模型对材料形状轮廓的曲率连续性有一定要求，因此还要求线材具有优异的曲率表现力并适合曲率的精确调整。

2）操作与技术要求

模型制作需要对材料执行一系列操作，为使操作快速、顺利地完成，要求材料具有操作上的便利性和适用性。制作过程所执行的操作包括剪切、折弯、弯曲、组装等，要求材料具备适宜的剪切强度、抗弯强度和硬度等。设计者需能借助简单工具方便地对材料进行操作，因而材料具备的硬度、强度、可弯曲性和塑性等特性，应满足仅手工加工即能高效调整材料形状这一要求。

2. 常用材料及类型

1）材料类型

线材草模型构件分为支撑、构面、连接固定三种功能类型，可依据所制作构件的功能进行材料分类，包括骨架材料、蒙皮材料和连接材料。

（1）骨架材料

骨架是模型形态的支撑构件，也是线材草模型中形态主要特征线的表现载体，承载模型的大部分质量。骨架用材的硬度、刚度和强度应适中，借助工具手工加工即能对其剪切和定型，且定型后不易变形。优良的骨架用材还应具有适中的弹性和韧性，经简单弯曲即可表现曲率连续的线条。

（2）蒙皮材料

蒙皮是模型形态的表面构件，用于表现形态的型面，能承载模型的部分质量。蒙皮材料可选用面材和线材，相关知识请参见本章后续内容。蒙皮用材相对细软，能快速缠绕于骨架形成型面，要求其硬度、刚度和强度较低，以利于后续调整。此外，模型蒙皮表面经适当涂装后可改变表面质感，常用于强化模型形态的感性主题和核心语义，使用预涂装线材直接制作同样能达到类似效果。

（3）连接材料

连接件是模型骨架之间位置的固定所需构件，也是用于骨架位置调整的必要辅助件。连接件的材料除选线材外还可选其他材料，如热熔胶、焊锡等。选用线材制作连接件时，其材料线径规格通常介于骨架材料与蒙皮材料之间，不但易于定型还能保证模型的美观度。材料具有较好的强度，且刚度、硬度及弹性较低，易于快速缠绕，不易断裂。

2）常用线材

草模型所用线材一般为金属线，偶尔用到竹签、橡皮筋或塑料线等。金属线具有一定的强度、硬度和塑性，定型、调整极为方便且易于保存，因此具有较强的构思表现适用性和技术操作便利性，是线材草模型制作的常用材料。其他线材的适用性和便利性略低，常和金属线搭配使用，以弥补金属线用于构思或表现时的不足。

（1）铁丝

草模型用金属线通常为铁丝、铝丝或锡丝。铁丝价格低廉，用途广泛，其方便加工、高强度、高硬度等特点使之成为草模型常用的金属线材。

（2）铝丝

铝丝表面经阳极氧化膜着色可获得多色彩膜，因而具有较好的装饰性。铝丝的硬度较低、塑性较高、手工加工方便，当其直径较细时尤其适合徒手操作，多用于模型蒙皮的制作。

（3）锡丝

锡丝具有良好的加工性，且熔点较低，易于焊接固定，但用作模型材料时性价比低，适用于同时对线间连接美观度和稳固度有较高要求的模型。

（4）竹签

竹签适用于表现对线条张力有较高要求的草模型，由于其各部件间需平衡内部弯曲应力，准确定型需要附加结构件，因此对模型的整体结构设计提出了较高要求，常用于配合其他线材表现草模型造型中重要的龙骨线条。

（5）塑料线

线径较大且硬度较高的塑料线多用于制作龙骨，反之则多用于制作蒙皮。塑料线色彩丰富，熔点低，具有较好的装饰性和焊接性。用于制作蒙皮时可通过加热定型为各式曲面，用

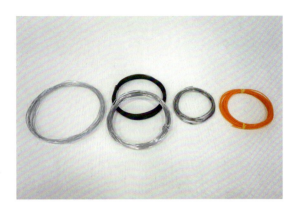

于制作弧形骨架时也需加热定型，与金属线相比，不甚方便，但塑料线可用烙铁焊接固定，拆装连接较方便。塑料易老化而造成模型变形、脆裂或褪色，不适合制作需要长期保存的草模型。

3. 常用工具及类型

1）工具类型

线材草模型制作的主要操作包括剪切、成型和组装，使用合适的工具有助于提高制作效率。

（1）剪切工具

剪切是线材草模型多数构件加工的第一步，将线材截断为特定长度，以方便后续加工。用于剪切的工具应尽量小巧且易于手持，方便进入模型内部进行操作。工具活动部件行程应短，剪切施力时不易造成模型已有构件的破坏。工具应适合不同线径材料的剪切，剪切口要设计得不易造成线材的窜动。

（2）成型工具

成型是将线材的线条初始形改变为目标形的操作，用于得到特定形状的骨架、蒙皮和连接件。由于所选线材大多适合徒手加工成型，用于成型的工具主要有提高制作精度、效率或改变材料塑性的目的，因而除常规用于弯曲线材的工具外，还包括矫正工具和加热工具。矫正工具大多为自制或合适现成品，提供线条弯曲的导向作用。加热工具包括预热工具和实时加热工具，后者加热和弯曲同时完成，技术难度较高，适合精度要求稍低的线材成型加工。

（3）组装工具

组装是将线材构件通过连接件组合在一起并加以固定的操作。组装工具包括连接件紧固工具和构件连接工具。连接件紧固即卡件紧固，卡件包括卡体和卡口，其中，卡口的紧固为重点。为松紧方便，用线材制作的卡件只需铰接其卡口两端线头，因而卡件紧固工具的主要功能为夹紧和旋转线头。构件除用卡件连接外，还可用点胶、焊接等其他连接形式，这类操作大多用电子高温工具，使用时务必注意安全，应及时切断电源以防意外事故的发生。构件连接还需使用定位工具，其用于固定构件的相对位置关系，需具有较好的夹持稳定度和空间自由度。

2）常用工具

（1）剪刀

剪刀是常用的生活工具，适合截断线径较小的线材，其既可用于截断线材，也可用于夹持线头以微调线头方向。

（2）尖嘴钳

尖嘴钳在线材草模型制作中通常用于截断或扭曲线径较大的线材，其体积较小巧且质量适中，用于截断、扭曲线材时手感较好。尖嘴钳的钳头较尖，进出模型操作较容易，操作施力较小不易破坏模型，因此用于线材草模型制作具有较大优势。

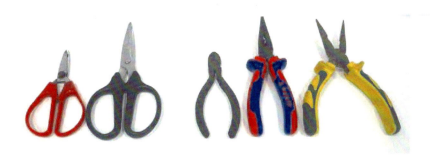

（3）热风枪

热风枪用于局部快速加热材料，加热后的塑胶类线材能获得较高的塑性，经弯曲变形、冷却后即可定型。热风枪产生的热风温度较高，距离材料过近会造成材料内外温差过大，不但易产生材料应力而导致冷却后的材料变形，还易造成材料表面损伤而影响美观。

（4）烙铁

烙铁多用于将材料熔化后放置于构件连接处，待材料冷却后即可连接并固定构件。这种方式用于金属线材草模型，可以获得较好的固定强度和外观效果。当需要更换模型构件或调整其位置时，只需重新用烙铁熔化材料即可拆卸构件，这是一种快速的模型构件连接手段。构件用烙铁焊接前应先将构件定位以防窜动，可用夹具夹持来定位。定位应尽可能地保证精度，如焊接好后才发现误差，则只能调整构件形状或重焊。

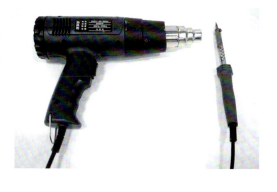

（5）3D打印笔

3D打印笔是一种新型的教学工具，能将塑胶线原料实时加热并连续输出，线材成型后的线径通常为1mm以下，故更适合制作小尺寸的线材草模型。打印笔连续输出的线材能够快速冷却并定型，可以直接在无物理支撑的条件下绘制出模型构件，但由于材料自重仍然会影响其冷却过程中的材料形状，故所得构件的线条精度较低。目前常见的构件成型方法是在桌面图纸上方直接拓绘，可以获得更好的线条精度。用此法制作的构件在进行后续组装时，既可继续使用打印笔构建连接件，也可用烙铁焊接或用黏结剂黏结，与其他材料制作线材模型的方式基本无异。

（6）夹具

夹具被广泛应用于工程制造领域，可夹持工件确保其位置固定。线材草模型制作所选夹具为能够方便固定于桌面的小型台钳，通过旋转其手柄能调整夹持工件的力度，可用于模型构件的定位。

4. 选材及工具的使用原则

1）选材原则

（1）依构思对象的创意等级而定

为方便构思过程中探讨材料的形状及其空间变化，模型材料需具有一定的变形、定型能力及可重复调整性。单一材料往往难以同时满足使形状易于变形和保持形状固定这两种需求。具有前者优势的线材往往定型能力不佳，易受力破坏其形状，具有后者优势的线材往往变形能力不佳。

为此，选材通常包括两种方式：其一是选择特性在一定条件下能够改变的材料，如加热后可提高塑性的塑料；其二是混合使用多种材料，视待表现形式要素的创意等级分别选择适宜的材料。例如，结构、比例、姿态等高阶形式要素的创意表现其物理约束较少，且制作精度的要求较低，宜选择更易保持形状稳定的线材，以便作为后续构思的造型基准；而物理约束较多的型面、图形等低阶要素的构思，宜选择更易变形的线材，以便在约束下探讨更多构思方向。

（2）依模型结构和构思明确度而定

为了便于记录创意内容或撤销不良记录，模型材料需具有结构支撑力、抗变形能力及清除便利性。满足上述要求的材料用于模型制作时仍会产生问题，具有较好支撑力和抗变形能力的材料往往在清除过程中容易造成模型结构的破坏。

为了避免这类问题的发生，应根据模型结构支撑必要度、构思想法明确度及构思表现精度要求来选择材料。将不便清除或清除可能导致问题的材料，尽量放置于构思想法较明确或表现精度要求低的部位，并作为必要结构支撑件使用，反之则相反。

（3）依制作阶段而定

为了方便剪切、弯曲、组装等操作，材料需具备适宜的剪切强度、抗弯强度和硬度等。通常线径较小的材料更易满足上述要求，但由此带来的模型抗变形能力不佳，多见于草模型制作初期对模型构造的推敲阶段。当模型构造逐渐明确后，再将支撑力较低、表现力不足的重要构件的线径加大。由此可见，为形成明确的模型制作思路，材料线径的选择应在模型制作的不同阶段各有倾向。

（4）依技术掌握程度而定

为了可以借助简单工具方便地对材料进行操作，材料需具有易于手工加工的硬度、强度、弯曲能力和塑性等特性。工具及其实用技术对加工材料的特性有规定，应视可提供工具及所掌握技术程度选择模型材料，避免超出工具加工范围或个人能力范围。

2）工具的使用原则

（1）加工效率优先

线材草模型中线材的处理主要为剪切、弯曲与组装，应尽量采用手工加工方式来提高模型的制作效率。剪切可使用剪刀、尖嘴钳等快速完成，徒手扭断效率过低，应尽量避免。弯曲通常只需通过徒手操作完成，并用目测方式控制其精度，但对精度要求较高时需借助工具。组装也可徒手操作，为了操作方便，卡件线头需预留足够长度。

（2）安全防护得当原则

线材草模型制作过程中存在许多安全隐患，需采取必要的预防措施来避免。线材裸露的线头容易划伤或戳伤身体，加工线材时应戴好护目镜和手套并保持动作平稳。线材草模型用到的电子高温工具存在较多安全隐患，不管是预热、加热还是待机都需特别注意其使用安全。预热时，其高温部位应放置于耐高温且不易触碰的地方，加热时，抓握工具务必稳当，长时间不使用时应及时断电。

3.2.3　线材草模型的制作内容与过程

1.制作内容

1）创意内容

线材草模型制作创意的直接对象包括轮廓线、特征线、截面线、过渡线及线间关系等，各对象的制作内容如下。

（1）轮廓线和特征线

制作轮廓线和特征线时，可以调整其线型来改变线的曲率和方向，从中观察线的弧度、加速度、流畅度和呼应度，探讨与形式美学、意象风格及造型主题相关的评价因素，包括线条张力、图形样式、图形比例、曲率连续性、曲率对比关系、目标感性及语义、造型语言契合度等。

（2）截面线和过渡线

制作截面线和过渡线时，可以调整其与特征线、轮廓线所构成的型面雏形的轴线和曲率，观察型面的弧度、加速度和衔接连续度，除探讨型面张力、曲率连续性、曲率对比关系等形态美学评价因素外，还包括动感、速度感、目标感及语义等形态意象和风格评价因素，另外涉及型面的主题性、典型性、适用性、统一性、完整性和戏剧性等有关造型主题表现的评价因素。

（3）线间关系

创建线间关系时，改变各线间粗细、长度、曲率、间距的比例关系，衔接或过渡位置及连续关系，从不同视角观察线条组合形成图形的简洁度、辨识度和呼应度，探讨图形比例、主题关联度、风格契合度等与形式美学、造型主题及意象风格相关的评价因素。此外，线间关系创建过程中所得线条组合能够暗示体块，可由此推断体块的饱满度、加速度、平衡度和呼应度，还需探讨体量比例、姿态属性、体块张力等美学评价因素和其他意象风格、造型主题评价因素。

2）操作内容与技术要求

线材草模型制作包括构件成型和组装两项内容，需完成骨架、蒙皮及连接件的单独制作和整体组合。单独制作通常涉及估测、剪切、靠模、弯曲、缠绕等操作步骤，整体组合还涉及定位、紧固等，各步骤对应的操作内容及技术要求如下。

（1）估测

估测属于精度较低的快速测量方法，其主要目的是确定线条的大致长度以便于后续操作，有时借助二维图纸测量并预留出空间深度表现所需的长度增量，有时直接在未完成的实物模型上用细软线材尝试，经展开后再测量。线材的估测应留有余量，因其是后续连接和调整的共同需要，余量的多少关系到可调整幅度，在不影响其他模型构件制作的前提下应尽可能增加余量。

骨架调整易使模型变形，因而相对于其他构件，其对估测精度的要求较高，宜采用上述方式操作。

蒙皮在线材草模型中无须铺满即可指示型面特征，可通过对间隙的调整修正形状，因而其估测精度要求较低，只要保证线材具有足够的缠绕长度即可。

连接件的情况与蒙皮类似，保证构件组装所需的稳固度即可，视其构件组装具体需要决定其缠绕圈数。

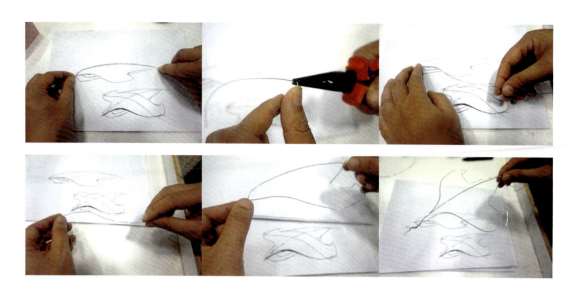

（2）剪切

在构件成型和组装时均可能涉及剪切。构件大多单独制作，其成型中的剪切不受其他构件的物理约束，较为自由。而构件组装时的自由度截然相反，需要考虑构件的物理约束带来的操作问题，应尽量将剪切口置于模型外部。

（3）靠模

靠模是指使用模具提高线材的弯曲精度，以使线材获得曲率流畅、准确的线型。靠模是线材草模型特有的制作方法，其所需模具的设计至关重要。模具表面曲率连续且丰富，可以满足大部分线条的制作需要。模具表面开有不同方向的线槽，可以方便观察和选取恰当的线条曲率，同时其提供的导向功能将保证内部所置线材的弯曲精度。靠模前应确定线条的目标形，然后选择模具上最接近该目标形的线槽，确保线材无局部形状缺陷后再去贴合。应将线材整体置于线槽，通过来回抽拉与下压使之完全与线槽贴合，这种方式可使线条曲率得到反复修正，从而提高其精度。

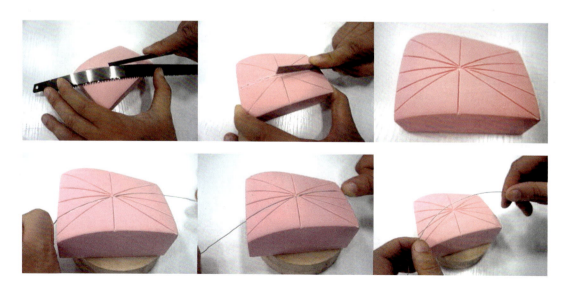

（4）弯曲

弯曲借助靠模用模具可使构件精确成型，而对于构件的粗略成型而言，弯曲只需徒手即可完成。徒手弯曲可先加工曲率高的一侧，待该侧曲率接近但又未到达目标曲率时，先暂停弯曲然后手持线材两端整体施力直至达成目标。这种方式可使线条的高、低曲率过渡流畅，同时让线条更具张力和动感。

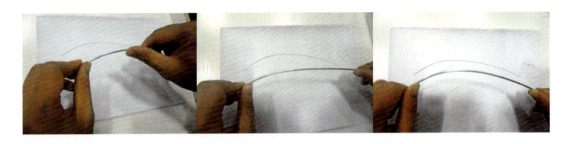

（5）定位

定位是确定模型组装前构件相互位置关系的操作。构件间可通过夹具定位，定位除应保证构件的相互位置固定且具有正确的空间关系外，还需提供方便构件连接的足够空间。定位时夹具的夹持位置应尽量选择近连接处，需使构件稳定并提供足够空间供连接。定位时可先调小夹具夹持力，然后微调构件位置至理想状态，最后拧紧夹具。为了保证夹具拧紧后构件位置不会窜动，可在夹口裹上布条以增加摩擦力。

（6）缠绕

缠绕是线材蒙皮及连接件的成型方法。蒙皮的缠绕通常在已组装骨架构件上进行，需要克服骨架构件的物理约束并反复多次才能完成，因而制作效率较低且不易控制精度。进行蒙皮缠绕时，应尽量选择细软线材，并且应预留足够的线间距以便后续曲面成型。线间距应避免跳跃，以保证成型后曲面的美观度。线间距和曲面的曲率应正相关，以使曲面的蒙皮遮挡效果更均衡。

（7）紧固

紧固是将卡件置于连接处并调紧，最终使构件连接稳固的操作。当构件连接处经夹具夹持后空间有限时，应将卡件设计得较短。较短卡件有时会影响连接稳固性，此时可增加卡件数量，通过先后在不同连接部位夹持来退让出卡件的操作空间。调紧卡件时应注意避免施力过大而破坏模型，调紧后的卡口线头不应朝向模型外侧以防误伤。

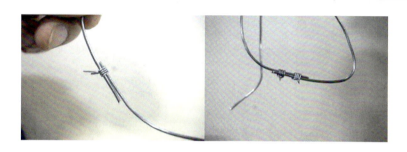

2. 制作过程

线材草模型的制作需同时考虑构思和表现提出的制作要求，从构思逻辑和表现逻辑中找到契合点，并依此规划模型的制作进程。为使构思和表现在模型制作中得以统一，线材草模型的制作一般遵循以下顺序：外轮廓线或转角轮廓线→整体截面线和主要特征线→内轮廓线、局部截面线和次要特征线→中间截面线、过渡线和反射线。

1）外轮廓线或转角轮廓线

外轮廓线指示整体体块的边界形状，不同视角下形态的外轮廓线不同，因而其线型及表现位置并不固定。为明确表现目标并提高表现效率，外轮廓线大部分可由转角轮廓线来替代，所选转角通常处于形态的关键曲率突变位置，这些位置存在的曲率突变是限定形态体量的决定性因素。用外轮廓线或转角轮廓线可定义出整体比例、姿态倾向和轮廓特征。

2）整体截面线和主要特征线

整体截面线是最能反映整体体块正投影的截面轮廓线（形态体块单元较多时，其正投影由多截面正投影组成），可用正投影的轮廓线近似表示。特征线指示各面的相交位置，因其造型辨识度及主题贡献度不同而有主次之分，主要特征线是其中辨识度及贡献度较强的部分。用整体截面线和主要特征线可定义出局部比例、姿态属性和线型风格。

3）内轮廓线、局部截面线和次要特征线

内轮廓线指示局部体块的边界形状，也属于型面间的理论相交线。局部截面线是形态局部体块中最能反映其正投影的截面轮廓线。次要特征线是造型辨识度及主题贡献度较弱的特征线。用内轮廓线、局部截面线和次要特征线可细化或强化比例、姿态和线型风格。

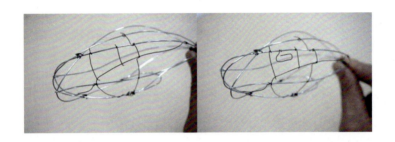

4）中间截面线、过渡线和反射线

中间截面线为整体、局部截面线之间截面上的轮廓线。过渡线为处于过渡位置的混接曲面上的构造线，对于形态转角的表现有帮助。反射线为型面明暗色块的轮廓线，指示型面的轴线形状和方向。用中间截面线、过渡线和反射线可表现型面细部的特征，其表现有助于持续优化形态。

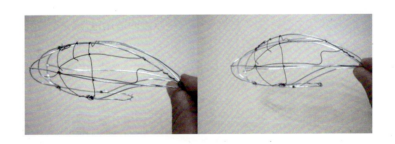

3.2.4　线材草模型的制作要求及技法

3.2.4.1　线材草模型的制作重点及要求

1.构思和表现

作为创意草模型，线材草模型的制作应能及时、全面、准确地表现构思内容，且应依据自身特点有针对性地构思和表现。线材草模型制作应能及时将形态轮廓、比例、型面、线型等的构思内容表现于模型，从而有利于设计者跟踪评价并不断修正构思路径。模型制作应侧重于表现形态的线型结构及比例、姿态属性及轮廓、型面和线型（包括图形）三者的特征，对轮廓、型面和线型（包括图形）的曲率连续性的表现精度要求较低，这样才能高效地捕捉创意灵感并体现构思意图，从而加速构思过程并最终提升构思质量。

2. 评价

线材草模型虽然在概念上属于表现草模型，但在设计实践中它和构思草模型并不存在功能上的本质差异，也同样被应用于构思的不同阶段并输出创意结果。线材草模型可视为线材制作的创意构思模型，需视其介入构思的不同阶段，选择性地沿用构思草模型的评价标准及要求。

3.2.4.2　线材草模型的技法

1. 草模型技法的应用原则

1）低难度原则

草模型技法包括构思技法和表现技法，后者的理论性远弱于前者，因而难度普遍较低。但在实践过程中，制作技法的应用能力因人而异，掌握不好会阻碍形态构思。为了更加专注地解决较难的形态构思问题，尽量摆脱制作技法应用能力的束缚，有必要选择简单技法。简单制作技法虽然效果较单一，但其灵活组合和应用变通不仅能帮助精进技法，还能开发其新的应用潜力，无疑将为设计者带来更多启发。

2）高效率原则

为提升草模型制作技法的应用效率和效果，应视技法的适用范围和特性来选择并应用。以精细制作为目的的技法通常也能应用于粗略制作，但由于制作效率偏低而较少应用。创意草模型对构思的表现精度要求不高，所用技法仅需实现构思内容的概略表现，技法精度的高要求对效果提升的意义不大。为了取得效率和效果的平衡，草模型制作常以高效且精度适中的技法为主，高精度技法仅应用于模型的关键评价部位。

3）统一性原则

创意草模型制作的根本目的是达到形态构思和表现的目标，任何有违目标的不良操作均应避免以提高模型质量，需由技法提出规范来避免此类不良操作。草模型的构思和表现技法需使构思和表现实现统一，两者提出的规范应一致地体现于模型制作过程。规范的一致性要求制作技法视创意阶段而定，选择最适应其构思要求的制作技法才能有效发挥其规范作用，最大限度地防止不良操作。

2. 常用制作技法

线材草模型的制作技法主要包括构件成型技法、组装技法和修正技法。成型技法应用于骨架、蒙皮、连接件的单件制作；组装技法应用于包含以上任意两个构件的组合体制作；修正技法应用于改善构件或组合体的形状。线材草模型的常用技法如下：

1）成型技法

（1）骨架成型

骨架相对于蒙皮来说制作量较小，制作及调整也相对简单，其成型技法的部分内容同样适用于蒙皮成型。

① 粗略成型

对于多数常用线材而言，骨架粗略成型仅需徒手操作即可完成。徒手操作几乎可以表达任何样式的曲线，但应视待表达曲线的曲率状态选择不同的技法。当曲线的曲率值存在正负变化，即该曲线外观为 S 形时，应先在线材上标记出曲率为 0 的位置点，然后以此点为界分别弯曲两侧线材。当曲线的曲率值均为正或均为负，即该曲线外观为 C 形时，可先弯曲曲率高的一侧，待该侧曲率接近目标曲率时，再手持线材两端整体施力直至达到目标。

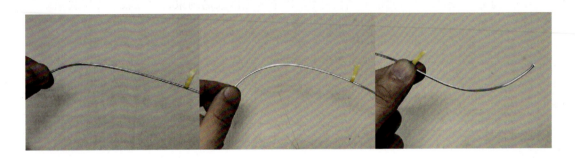

② 精确成型

骨架精确成型包括估测、剪切、靠模、弯曲等操作。重要或复杂曲线的制作精度要求较高，其成型可采用弯曲、估测、剪切、靠模的顺序重复多次完成。采用该顺序先尝试定出雏形再精细处理，可降低精确成型的技术难度。由此还可衍生出先使用细线材确定雏形，然后找出细线材在靠模用模具上的具体位置并标记，最后加工粗线材的方法。

（2）蒙皮成型

① 整体成型

线材草模型的曲面蒙皮构造线具有连续变化的关系，其数量也远大于骨架线，因此只有应用整体成型方法才能保证质量。当表达高曲率曲面的蒙皮时，需先预留较宽的线间距，快速以直线形式平行缠绕，然后收紧线间距以退让出短直线变为长曲线所需的增量，最后借助手指不同方向的推拉压捏或使用自制简单模具扣合，整体弯曲蒙皮的直线线簇以获得流畅表面。由于预留的线间距为估值，收紧线间距形成的蒙皮内部仍存在间隙，故蒙皮表面实际上由大量截面线概略表现。

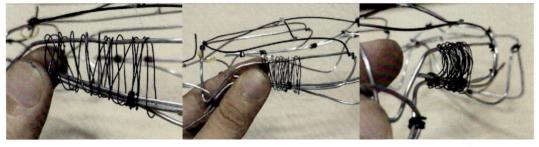

② 概略成型

蒙皮操作受线材本身的规格、特性及模型结构等因素的约束，存在较多难以克服的技术障碍。首先，草模型普遍尺寸较小，当模型结构较复杂时，用小线径线材反复在骨架间穿插缠绕非常耗时，并且大部分蒙皮将限制后续骨架调整的幅度，很难同步反馈面和线的调整变化。其次，线材蒙皮用于表达曲面造型时，涉及预留线间距、平行缠绕、收紧线间距及整体弯曲等一连串操作，蒙皮成型虽能具备一定精度，但其制作速度和最终效果均不理想。因此，为取得精度和效率的平衡，蒙皮形式多止于截面线的概略表现，对精度的要求不宜太高，如提出精细表现要求时，应以能体现主要造型特征关键属性的型面局部为表现重点。

（3）连接件成型

线材草模型连接件需具有足够的强度并能微调形状，以使其与构件处于过盈配合状态，从而保证构件组装稳固。为满足上述要求并使拆装方便，连接件多用细金属丝直接在构件连接处表面缠绕成型，材料线径较细时，需预留两侧线头供调紧。缠绕构件前，需将构件放置得当，应先稳定夹持构件并定位，以防构件窜动影响缠绕效果。为避免缠绕力度控制不当而造成构件变形，缠绕的起始位置应选择靠近指尖一侧。首圈缠绕施力应大以获得较好的过盈配合效果，为提升效果可使用尖嘴钳夹紧线圈，往后缠绕的施力应逐渐减弱，必要时需用手指抵住构件以防变形。

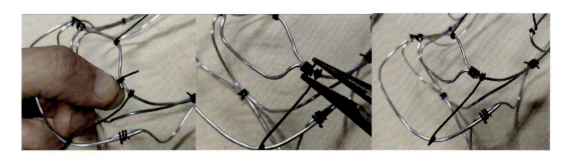

2）组装技法

（1）组装形式及原则

简单造型的线材草模型可用单根线材连续构造模型形态，但为了预留后续调整空间，线材草模型通常由多构件组装而成，组装可选择缠绕、点胶、焊接等多种连接方式。构件组装应视不同阶段选择合适的连接方式，组装前期徒手操作较方便，可通过细线材的缠绕来连接构件，后期模型结构趋于复杂，不便缠绕连接件时宜选用点胶、焊接等其他快速连接方式。

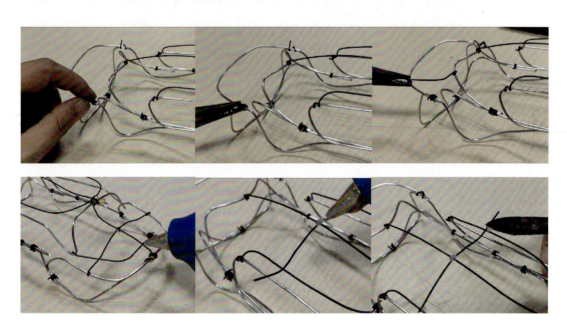

（2）组装顺序及技法

构件的组装应遵循线材草模型的制作顺序，同时满足构思和表现提出的不同制作要求。首先组装外轮廓线或转角轮廓线，然后组装整体截面线和主要特征线，最后组装内轮廓线、局部截面线和次要特征线。

① 外轮廓线或转角轮廓线

这类构件较粗，且主要为连续连接或相交连接关系，其组装要注意确认构件连接处形状的准确性，如果组装后再矫正则易使构件变形。

② 整体截面线和主要特征线

这类构件组装后的对称性对构思评价具有重要影响，因此组装前应核实构件的相对位置，尤其是处于垂直关系的构件，应经测量后标记出其中心位置再行组装，以保证模型的对称性。

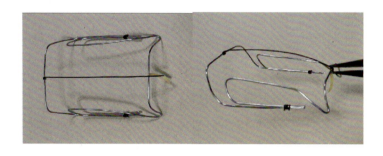

③ 内轮廓线、局部截面线和次要特征线

这类构件在组装时受到模型其他构件的物理约束较多，存在大量相交关系。因此进行线间连接时，如果常规组装方式不方便，可直接用构件两侧线头缠绕连接，免去制作连接件的步骤。当构件间穿透式相交时，仅需将交叉处卷曲成环即可连接，但此时构件的成型需在组装中同步进行。

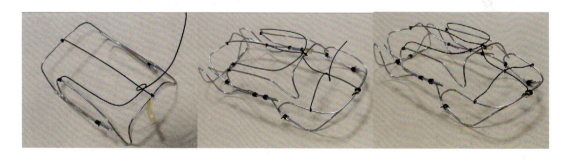

3）修正技法

线材草模型是抗变形能力较弱的多构件组合结构，对其修正虽然技术简单但易产生较多问题。修正操作除易破坏结构稳定性、易使构件变形外，还存在拆装低效等问题，为避免问题的产生需采取适当措施预先加固或保护模型，并通过预留修正空间、实时修正等方式来尽量避免拆装。

（1）加固与保护

① 加固

　　由于构件连接点位置是修正操作最易破坏的对象，其位置窜动还将造成模型变形，因此保证连接点位置固定是加固和保护模型的首要任务。预先加固模型时，可使用直粗线材从连接点引出三根以上加强筋，将另一侧端点置于模型的不同落地点，形成多棱锥结构来约束连接点的位置。为方便连接和后期拆解，可使用点胶或锡焊等方式进行。

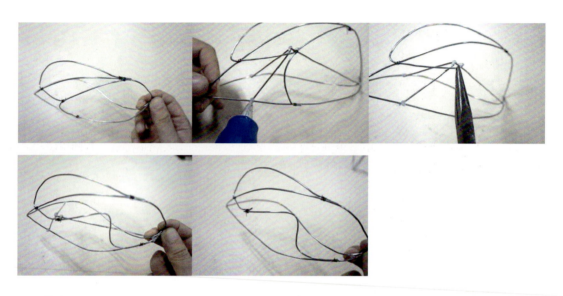

② 保护

　　无论模型是否已加固，对其修正时均需实施保护，保护得当不仅能防止模型变形，还能使拆装等操作更便利。模型的保护对象仍是连接点，在松开待修正构件的两侧连接点后，可使用夹具分别夹持其相邻构件的连接点，从而使之位置固定。

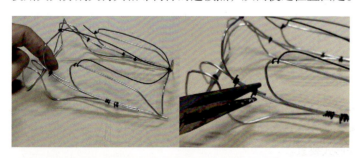

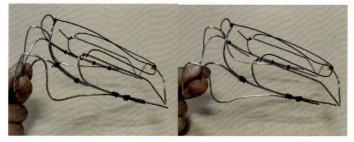

（2）预留修正空间

　　对于线材草模型构件的修正，应尽量选择局部微调，避免完整替换带来的拆装问题。为使局部微调可行，构件与连接件的设计应保留较大的修正空间。构件除预留足够的连接长度外，还应视后续修正可能性选择是否延长。延长后的构件用于组装时，为避免连接缠绕耗时过长，可用多个短连接件分段连接。这种方式既可以保证连接的稳定性，又可以增加连接件的可缩放空间，有效避免拆装问题。

（3）实时修正

模型修正是构思调整的需要，采用实时的修正方式能更贴合构思过程的表现需求。当构思遇到瓶颈难以抉择时，可使用多根细线在邻近位置反复尝试，待确定后捆拧成单股线，这种实时的修正方式可避免单根粗线修正时存在的操作低效、模型易变形等问题。

3.3 面材草模型

面材草模型是使用纸板、塑料板等常用模型面材制作的创意表现草模型，是能被快速搭建的具有型面相关创意功能的模型。

3.3.1 面材草模型的功能及特点

1. 面材草模型的功能

面材能够直接用于制作平面造型或经简单弯曲制作单曲面造型，当面材具备较好的塑性和延展性时，也常通过模具被制成各种高阶曲面造型。面材优秀的型面表达及体块暗示功能，使之成为草模型制作的首选材料。面材草模型制作以能高效承载造型信息的面来构形，能快速表现形态构思内容并响应其变化。

1）构思功能

面材草模型是设计者快速构思形态结构、比例、姿态、轮廓及型面的创意载体。面材草模型利用的是面材固有的面属性，是能被快速搭建的具有型面相关创意功能的模型，其制作是对型面的轴线、轮廓、曲率、空间关系等构思的过程，易于评价与面的形状及组合有直接关联的结构、比例、姿态、轮廓等形式要素。

2）表现功能

面材草模型能够快速表现形态的结构、姿态、体量比例、尺寸关系、型面和轮廓，其可以采用多种构造方式，如平面的纵横插接、层叠累加，或者曲面的空间组合等，不同构造方式的模型其表现功能存在一定差异。

（1）平面的纵横插接

　　该类模型除能用最少平面暗示出形态体块外，还能直观指示工程尺寸关系。该类模型虽然面数较少，但其各面轮廓及关系明确，能由此推导出构思形态的大致体块特征，对形态体块具有一定的暗示能力。另外，该类模型能够直观指示出明确、定量的工程尺寸关系，通过查看模型各面轮廓和人体、总布置模板间的尺寸关系，便于客观、准确地评价形态创意的工程合理性。

（2）平面的层叠累加

　　该类模型能充分表现体块、轮廓、姿态和型面特征，同时能指示大致的结构特征。模型中用于层叠的平面面数稍多，通过各面的相互遮挡突显模型完整体块和内、外轮廓。外轮廓定义体块的空间层次，由此形成的体块组合关系可指示大致的结构特征。内轮廓在该类模型中清晰表现截面形状，截面组合将型面特征和整体姿态表现得较充分。

（3）曲面的空间组合

　　该类模型能表现型面的关键特征，尤其适合快速表现比例、姿态与轮廓，具有较强的体块暗示能力。模型的薄壳形态由具有概括性的曲面构造而成，这些曲面多为单曲面，能大致表现型面的轴线方向、轮廓和曲率分布。将曲面组合后形成的壳体，能够提示型面的空间关系及变化趋势，对整体比例与姿态的表现尤为便捷。模型借助于曲面轮廓及其空间关系，还可暗示形态大致的体块特征及其组合关系。

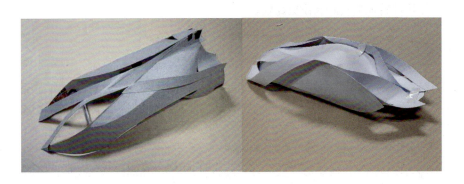

2. 面材草模型的制作优势

1）构造灵活

面材草模型提供多种构造方式，它们虽然具有不同的创意特色，但其创意作用具有一致性，因而可视设计者自身需求或习惯灵活选择。此外，不同构造方式所应用的技法具有共通性，因而可将多种构造方式混合使用以满足创意提出的高要求。

2）启发构思

面材草模型制作通过型面来构思创意，型面具有高效的表现力且能指示丰富的创意内容，因此其表现不但能够快速反映当前构思想法，还能够为后续构思提供足量的线索。此外，型面的表现结果直接反映多项高阶形式要素的状态，包括结构、比例、姿态、轮廓等。对型面的简单修正即能同时优化这些要素，各要素的同时优化往往能得到超出构思预期的结果，因此能够启发新的构思想法。

3）表现高效

面材的外观属性及加工特性，决定了面材草模型具有更高的创意表现效率，在表现结构、姿态、比例、型面或轮廓时尤为明显。此外，面材草模型构造灵活，混合不同构造方式的模型具有更强的表现力，更易满足表现要求，因而可供选择的高效表现方式也较多。

4）调整方便

面材草模型由多片构件通过易拆装结构拼装而成，模型调整多为构件更改和替换。构件更改时只需体现其轮廓的关键特征，对构件完整性要求不高，可直接在原件上更改。构件替换时只需通过简单拆装即可完成，且拆装仅针对该构件局部操作，不易破坏其他构件的组合效果，因而相对于其他类型草模型而言更便利。

5）装饰多效

面材草模型的构件表面通常光洁度较高，在其上粘贴或绘制图案可形成丰富的色彩或肌理效果，从而强化或修正模型的造型特征。通过粘贴获得的装饰效果可以方便地清除，可以根据构思需要及时调整。在构思不甚明确时，尝试在构件表面装饰能快速模拟出造型特征的视觉效果，比构件特征的实际制作更高效。

3. 面材草模型及其制作特点

1）面材草模型的特点

（1）突出暗示性

面材草模型以概括、简要的方式表现形态的特征，由此形成的模型形态虽然不甚精确，但已能清晰地体现造型特征的关键属性。关键属性决定造型特征其他属性的整体倾向，能提供推理特征完整形式的重要线索。所有关键属性提供的线索相互交织，能指明清晰的推理方向，通过简单推理即能获取特征的完整形式。由此可见，面材草模型所表现的造型特征虽然不甚全面精确，但因其提供了推理特征完整形式的明显线索，使此类模型具有比其他类型的模型更突出的特征暗示性。

（2）易调完整性

形态创意不同阶段具有不同的创意侧重面，所涉及的创意内容将在多类构思草模型上探讨并表现出来。为发挥各类构思草模型的作用并利用其优势，创意内容并不局限于在单类构思草模型上表现，可分散表现于多类模型。由面材制作的构思草模型也不例外，其表现的创意内容是否需具有完整性可视构思和表现需求而定。此外，面材草模型的多数构造方式具有普适性，因而模型构件拆装规范、方便，且构件具有易于高效表现构思的面属性，对构思的响应速度比其他类型的模型更快，通过简单调整或增减构件即可快速改变创意表现的完整性。

2）面材草模型的制作特点

（1）表现精细化

面材草模型制作过程中，待表现的构思内容一直处于修正、更新状态，表现过于精细不但影响制作效率，而且对构思可能产生负面影响。表现精细度的要求并非一成不变，随着构思内容逐渐变得明晰，表现精度的要求需相应提高以使最终模型具有更高造型解析度。面材草模型受限于材料及其加工工艺，使其对构思内容的表现过程具有更明显的精细化特征。通常难以表现的构思内容，将被分解为不同片段并置入不同制作阶段来表现，这既符合构思的阶段化要求，又能有所侧重地表现，以避开无谓的精度要求。

（2）构思约束化

由于面材草模型表现具有概括性和简要性，加之能产生启发构思想法的超预期结果，模型形态因而存在一定的暗示性和不可预估性。这将模糊形态构思的评价对象及其内容，由此得出可供选择的不同评价结论，因而对后续构思的约束力较低。构思的高自由度在制作初期表现明显，随着制作的推进而逐渐削弱。在制作推进过程中，创意内容在模型上的表现趋于完整，不断提供更多推理特征完整形式的线索，使最终形态具有更强的特征暗示性。同时，趋于完整的创意内容是逐渐精细化表现的结果，精细表现带来可预期的构思结果，构思评价对象及其内容得以清晰化，构思逐渐被更多因素所约束。

（3）过程程式化

面材草模型具有较明确的构造方式，且不同构造方式所用技法具有共通性，因而易于将其制作过程程式化。程式化的制作既能体现面材草模型的制作优势，也能提高其制作效率。在程式化制作过程的规范下，即使制作采用不同模型的构造方式，仍具有较一致的构思、表现和评价效果，因而可混合或优选不同构造方式来提高制作效率。

（4）评价多维化

面材草模型为面片组合结构，其形态多由面材表面或截面来表现。两种表现方式均能突显模型形态的内、外轮廓，但在部分视角下可获得的轮廓解析度较低。因此，面材草模型虽然能够直接构思和表现型面，但其型面状态需通过对轮廓的多视角观察才能准确评价。此外，面材草模型形态以概要方式表现，且易产生超预期结果，因此形态构思的评价对象及其内容具有一定的模糊性。评价需从多维视角确定核心对象及内容并加以综合推断，以使评价结论趋于准确。

3.3.2　面材草模型的材料与工具

1. 面材草模型的材料要求

1）构思与表现要求

面材草模型通过材料表面形状的空间变化来构思和表现创意内容，在实际制作过程中为求方便通常以面上轮廓线、截面线作为操作对象。为了方便探讨面上线的线型及其空间变化，针对曲面组合构造方式而言，要求面材具有一定的变形、定型能力及可重复调整性，而平面构造方式则多要求材料具有可重复调整性。为了方便记录创意内容和撤销不良记录，同时要求材料具有模型结构支撑力、抗变形能力及清除便利性。

2）操作与技术要求

面材草模型制作过程中所执行的操作包括定样、裁切、折弯、弯曲、组装等，要求材料具有较光洁的表面，适宜的剪切强度、裁切轮廓精度、韧性、抗弯强度、可塑性、厚度和硬度等。为了能够借助简单工具方便地对材料进行操作，材料需具有适合手工快速加工的硬度、强度、可折弯性和塑性等特性。

2. 面材草模型的常用材料及类型

1）材料类型

面材草模型的构件分为平面型和曲面型，平面型构件通常用硬质面材制作，曲面型构件则多用软质面材制作。

（1）硬质面材

创意草模型面材的软硬区分是针对手工加工而言的，不便手工弯曲和折弯的面材即属于硬质面材。部分面材虽然能经手工弯曲或折弯，但因操作易使其产生断裂或其他明显缺陷，难以制作高曲率的曲面型构件，因此也被归入硬质面材类型。硬质面材多制成平面构件，常以纵横插接或层叠累加方式构造模型，也可与曲面构件组合用于构造含平面造型的形态模型。硬质面材用于表现构思时，主要通过其轮廓线来重点表现形态的比例、姿态、体块及型面特征，故其轮廓裁切是硬质面材构件制作的重要内容。多数硬质模型面材经手工弯曲适合制作低曲率构件，故限制了其在曲面构造方式的面材草模型中的应用。

（2）软质面材

软质面材通常便于手工弯曲和折弯，常被加工为各种曲率的曲面型构件，具有较强的曲面表现力。多数软质模型面材因其延展性较低，经处理也难以获得较理想的多向弯曲效果，因此更适合表达单曲面造型。少数延展性较好的软质面材可用于表达双曲面造型，但定型和修正不甚方便，因而应用较少。软质面材用于表现构思时，通过其轮廓线及截面线快速表现形态的比例、姿态及型面特征，故轮廓裁切和截面弯曲是软质面材构件制作的重要内容。

2）常用材料

面材草模型常用材料大多适合加工为平面或单曲面形式的构件，只有少数能被加工为双曲面构件。无论它们属于硬质面材还是软质面材，均可经手工弯曲为单曲面造型，其造型效果的主要区别在于高曲率表现。大部分面材经折弯能保持材料的完整性，可制成连续不断的组合曲面，但其中仅有部分面材易于得到清晰折痕并保持固定形状，它们更利于制作带有棱边且对线条有较高解析度要求的造型，也方便制成组装更简单、结构更稳定的模型。面材草模型材料主要包括纸质、塑胶质、竹质、木质及金属质等面材，通常模型的制作多应用纸质或塑胶质面材，有特殊表现需求时才会应用木质、金属质等面材。常用的纸质面材包括复印纸、卡纸和瓦楞纸板等，塑胶质面材包括 KT 板、PVC 硬板、ABS 板、EVA 板和 PVC 软板等。

（1）纸质面材

① 复印纸

复印纸的厚度较薄、强度较低，不适合应用纵横插接或层叠累加方式构造模型，通常被制成尺寸较小的草模型。复印纸质地均匀，裁切易得到高精度轮廓线，再经徒手弯曲即能获得高曲率且连续性较高的曲面。复印纸可塑性低且缺乏能支撑自重的足够强度，使其定型需反复矫正，在后续修正过程中也极易受力变形，因而用其制作高精度曲面比较困难。但复印纸经简单裁切和弯曲就能表现曲面轮廓及截面的特征，在造型特征定型设计阶段尤为适用。

② 卡纸

卡纸较复印纸更厚、强度更高，其模型制作可单独或综合采用多种构造方式，对模型尺寸的限制也较少，但不适合制作大型模型。卡纸除具有复印纸的制作优点外，还因其定型能力更强而具有更高的曲面制作精度。

③ 瓦楞纸板

在所有常用模型纸材的厚度和强度对比中，瓦楞纸板更具优势，因其厚度限制其弯曲跨度和构件间隙宽度，相对于其他纸材模型而言，其模型尺寸通常更大。由于瓦楞纸板的表面经弯曲后易凹凸不平，因而不适合制作对曲率连续性有较高要求的创意形态。瓦楞纸板模型具有良好的结构强度，其构件虽然相互支撑，但单件对整体结构强度的影响不大，可在模型表面方便地覆盖曲面构件以增强型面解析度，因而多采用平面和曲面相结合的综合构造方式。

（2）塑胶质面材

① KT 板

KT 板韧性较差，经弯曲易脆裂，仅适合制作平面或低曲率的单曲面构件，因此难以采用曲面组合方式构造模型。KT 板组织稀松且脆性强，其轮廓使用刀具裁切时易缺失造型细节，如有较高要求时可改用剪刀操作。KT 板具有一定的厚度且材料硬挺、组织松软，插接和钉接较方便，有利于构件的快速组装，所制模型的结构也较稳固。

② PVC 硬板

PVC 硬板韧性较差，其模型的构造特点与 KT 板接近，较少采用曲面组合方式构造模型。采用平面纵横插接或层叠累加方式时，为提高模型的结构稳定性、制作效率及操作便利性，对板材厚度有一定要求，通常选用 2mm 左右厚度的 PVC 硬板制作。PVC 硬板具有一定的硬度，钉接不甚方便，故多采用插接、黏结等方式组装模型构件。与 KT 板相比，PVC 硬板的组织更紧密、硬度更高，裁切时若施力适中，能获得较高精细度的轮廓。

③ ABS 板

ABS 板韧性较好，可弯曲或折弯为单曲面或组合曲面，经加热提高塑性后更有利于变形和定型，因而可采用多种面材草模型构造方式。ABS 板组织紧密、硬度更高，通常选用 1mm 左右厚度以方便裁切，经修整同样能获得高精度轮廓。ABS 板厚度较薄，强度和硬度更高，因此其插接口的制作精度要求高。ABS 板经折弯能获得较清晰的折痕且易于保持形状，便于制成连续不断、不易变形的组合曲面，因此模型组装更简单、结构更稳定。ABS 板易于热熔，其构件组装除插接、黏结外还可选用焊接方式进行。

④ EVA 板

EVA 板韧性佳且具有一定的可塑性，可制作除单曲面外的简单双曲面构件，构件可采用多种面材草模型构造方式。EVA 板易回弹，其曲面构件有内部支撑或外部约束时更易定型，内部支撑工艺较复杂，故应用较少。EVA 板组织稀松、硬度低，裁切方便且能获得精度较高的轮廓，其构件组装用插接、钉接、黏结等方式都较方便。为便于定型和组装操作，EVA 板通常选用 3mm 左右厚度，所制模型结构较稳固，意外变形后恢复能力也较强。

⑤ PVC 软板

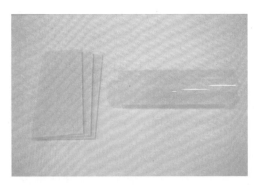

面材草模型用 PVC 软板多为透明板，具有较高的表面光洁度和较强的韧性，主要用于制作具有高光表现要求的透明单曲面构件。由于材料较软、密度较高且易回弹，定型需要内部支撑或外部约束，因此常用作其他面材草模型的附加材料或单独用于探讨型面的造型特征。用作前者时其构件提供的高透明度能提升模型仿真度，用作后者时能表现高光、反射线等型面设计要素。

3. 面材草模型的常用工具类型

1）工具类型

面材草模型制作的主要操作包括定样、裁切、成型和组装，使用合适工具将提高制作效率。

（1）定样工具

定样是将图样表现于面材表面供裁切参照的操作，可通过绘制、粘贴等不同方式表现图样。定样工具需要具有较高的表现精度和清晰度，使用时通常选用高对比度表现方式。为了利于调整与修正，定样工具所表现的图样应方便去除，去除后不易损伤面材表面。

（2）裁切工具

裁切是将面材裁剪或切削为特定形状与面积以便后续加工的操作。裁切所得到的面材既可以直接作为平面构件使用，也可经折弯或弯曲制成曲面构件。裁切工具需要具有较高的裁剪或切削精度，以便快速获得面材的准确形状，在加工位置契合度要求较高的构件连接槽时尤为重要。用于裁切的工具可为小型电动工具，能避开使用手动工具时出现的诸多操作问题，也更易精加工面材的轮廓细节。

（3）成型工具

成型是将面材的轮廓及截面初始形改变为目标形的操作，用于得到特定形状的曲面构件。

常用模型面材均能徒手加工成型，但有时会使用矫正和加热工具来提高制作精度和效率。矫正工具大多为自制或合适的现成品，包括表面高曲率精度的自制模具。加热工具可用于材料预热或实时加热，采用何种加热方式依据其曲面的表达精度而定。精度要求较低时采用预热方式，然后通过隔热手套手持构件改变其形状。精度要求较高时采用实时加热方式，将面材稳定在能够维持其良好塑性的温度，同时使用高曲率精度的模具来辅助成型。

（4）组装工具

组装是将面材构件通过外部连接件或自身连接槽组合在一起，并加以固定的操作。组装工具包括连接件安装工具、连接槽制作工具和构件连接工具。连接件选用能利于构件反复拆装的设计，将之安装于构件表面或嵌入其内部，使用工具能更高效地完成打孔、施胶、固定等连接件安装操作。连接槽制作需保证槽的宽度及位置，两者的加工精度会影响模型结构稳定性和构件位置契合度，为保证精度需使用测量、开槽工具。构件连接将已安装连接件或已开卡槽的构件组合在一起，有时需要使用工具紧固连接件或加固模型。

2）常用工具

（1）铅笔

铅笔可表现精细图样，其画痕容易修正和清理，且不易损伤面材表面，具有理想定样工具的重要属性。铅笔可用于模型制作各阶段的图样绘制，既适用于面材裁切前确定轮廓，也适用于模型形态修正时的位置标记。铅笔可用于大多数常用模型面材的图样绘制，在表面较光洁面材上绘制的图样更容易清理，在其他面材上绘制的图样则多少会留下痕迹，因此当对模型外观有较高要求且尚属尝试阶段时，下笔应轻。

（2）粉笔

粉笔削尖后可绘制细线条，虽然精度略差，但绘制时轻微施力即可留痕，不易破坏模型结构的稳定性。粉笔靠摩擦力留痕，不易在光洁表面上绘制，不适用 ABS 板、PVC 软板等高光洁度面材的图样绘制。粉笔画痕用毛刷等工具清理较方便，不会损伤面材表面，可反复多次绘制与修正，因而特别适合构思或表现的尝试阶段。

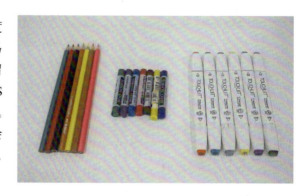

（3）剪刀

剪刀可用于裁切多数面材，可加工出较高精度的构件轮廓和连接槽。构件经组装后如需修正，也可用剪刀更改其轮廓，虽然有时受模型物理约束其加工精度难以保证，但其操作较其他裁切工具更方便，因而是常用的面材轮廓加工工具。

（4）美工刀

美工刀的刀刃轻薄、锋利，适用于裁切较低曲率的曲线或直线轮廓，也可用于加工直线形式的连接槽。使用美工刀裁切曲线时，由于刀尖不稳定不易控制其运动方向，所裁切的轮廓往往精度欠佳，因此其更适用于直线的快速裁切，在加工构件连接槽时较常用。

（5）刻刀

刻刀的刀头及刀柄较小，利于靠近面材时握持，裁切时可用手指抵住面材来提供更稳定的转向力。刻刀多用于高精度曲线的快速裁切，裁切时应固定面材以防窜动。精细部位用刻刀裁切易错位，因此通常将细部留出，使用其他工具加工。

（6）勾刀

勾刀有勾状刀尖，通过剔除接触点材料来分离面材，多用于ABS类组织较细密面材的形状切割。当这类面材用于制作组合曲面时，也常用勾刀剔除待折弯处的少许材料，这便于准确折弯并获得更好的视觉效果。用勾刀加工面材曲线形状时，应少量多次剔除材料，所形成的浅槽能为刀尖提供导向作用，可获得更高的加工精度和效率。

（7）手持电磨机

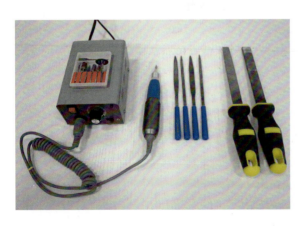

手持电磨机可更换不同规格的切割片和磨头，既可切割出面材轮廓，又可打磨、修正轮廓瑕疵。手持电磨机对软质面材切割的效率并无优势，但加工硬质面材时可悬空切割或打磨，特别适用于模型组装以后的构件修正。电磨机高速运转，在手持操作时务必保持机体稳定，使用切割片时还要确保刀刃朝向与转轴旋转方向一致。

（8）圆管

圆管用于辅助面材的弯曲，能够提供曲面成型所需的曲面支撑。面材经徒手弯曲易产生不良形变，使用圆管辅助弯曲能有效避免该问题。视模型尺寸大小及表面曲率高低，可分别选择不同直径的圆管辅助弯曲。多数情况下，圆管曲率固定，无法满足目标曲率的多变要求，可使用不同规格的圆管或直接徒手来修正。

（9）热风枪

热风枪在面材草模型制作中主要用于预热或实时加热 ABS 板，加热能提高 ABS 板的可塑性以利于变形和定型。由于风枪出风口的面积有限，所以欲整体加热时应往复移动出风口，避免局部过热造成材料损伤。

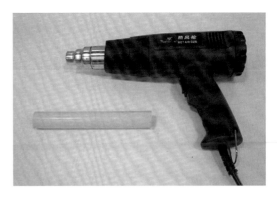

（10）手钻

手钻用于给待连接构件打圆孔，圆孔用于安装圆磁铁、塑料线或铁丝等连接件。如果所选钻头直径略小于连接件，则能使连接件的安装更稳固。

（11）镊子

镊子多用于拾取并放置小型构件、连接件或微调局部造型，能提高这些操作的精细度。当构件连接使用胶质材料时，还能避免徒手接触胶体留下油脂造成的黏附力减弱等问题。

（12）直角尺

直角尺用于构件连接处的测量，主要包括连接件安装孔位和构件连接槽的测量。通过它能测定各连接件安装孔位的坐标位置是否一致，还能快速测定构件连接槽的间隔距离及平行关系是否合理、准确，从而保证模型结构的稳定性和构件位置的契合度。

（13）烙铁

烙铁可熔化热塑型塑料，材料局部融合经冷却后具有较好的连接强度。在面材草模型制作中，烙铁常用于加固模型或连接构件，由于热熔部位的外观将影响模型的美观度，宜选择模型内侧操作。较薄面材的表面热熔易使材料变形，连接强度也无法保证，此时可用烙铁直接穿透面材来熔接，虽然模型的美观度受到影响，但却具有较好的构件连接

强度，仍然不失为一种快捷有效的连接方式。

4. 面材草模型的选材及工具使用原则

1）选材原则

（1）依构思侧重面而定

为了方便构思过程中探讨材料表面点的空间变化，模型面材需具有一定的变形、定型能力及可重复调整性。模型常用纸质面材的变形能力及可重复调整性较强，可用于构思不同曲率的曲面造型。不同纸质面材的定型能力虽有差异，但选择合适模型尺寸即可弥补定型上的不足，尤其适合快速构思复杂曲面造型的比例、姿态、轮廓及型面关键特征。相对于纸材而言，多数塑胶质面材的变形及可重复调整能力较低，定型则需要内部支撑或外部约束，多以平面构造方式制作曲面模型形态。这种构造用面材轮廓线来构思复杂曲面造型、型面及姿态的构思效率虽高但不够全面，对体块和轮廓的构思具有更好的效果。由上可知，使用纸质面材具有更强的比例构思能力，使用塑胶质面材则多具有更高的型面及姿态构思效率，应视构思侧重面选择合适的面材，以获得理想的构思效率和质量。

（2）依模型尺寸及结构而定

为了方便记录创意内容或撤销不良记录，模型面材需有模型结构支撑力、抗变形能力及清除便利性。模型常用面材虽然强度不同，能承受的外力大小有差异，但只要模型尺寸及构造合理，所有面材均能提供足够的结构支撑力。另外，面材受弱力变形后大多能自行恢复形状，模型修正过程中的正常操作施力不易破坏模型既定形态，因此面材均具备基本的抗变形能力。最后，面材的清除便利性与自身硬度、模型构造有关，通常硬质面材的清除较软质面材更不便，但模型采用易拆装结构随时更换其构件则影响不大。由上述可知，当对模型尺寸没有特殊要求，且模型采用易拆装结构时，各种面材均适用于模型的形态表现，反之则应视目标尺寸选择强度合适的面材来表现，也可优先选择软质面材来表现。

（3）依操作对象的特点而定

为了方便定样、裁切、折弯、弯曲、组装等操作，材料需具备较光洁的表面，适宜的剪切强度、裁切轮廓精度、韧性、抗弯强度、可塑性、厚度和硬度等。由于面材草模型可采用多种构造方式，不同方式所涉及的具体操作也有差异，因此对面材的特性需求不可一概而论。为方便操作并取得较好的效果，通常根据操作对象的特点选择适宜的面材。例如，当模型构件为组合曲面时，折弯操作对材料的韧性有较高要求，宜选择纸质面材、ABS 板或 EVA 板。当模型构件为高曲率双曲面时，弯曲操作对材料韧性、抗弯强度及可塑性有较高要求，宜选择 EVA 板或经加热的 ABS 板。当构件以平面方式构造模型时，裁切及组装操作对材料厚度及硬度有一定要求，过薄会造成连接槽裁切精度的要求过高，过厚过硬则影响裁切和组装效率，故一般选择 2mm 左右厚度的硬质面材，如瓦楞纸板、KT 板、PVC 板等。

2）工具的使用原则

（1）适用性

面材草模型的常用工具，尤其是裁切工具，各有不同的材料适用范围和操作特点，随意选用将造成操作不便或效果不佳等问题。裁切连接槽等直线轮廓时，如加工软质面材宜使用美工刀或剪刀，加工硬质面材则宜使用勾刀和剪刀相继操作。裁切曲线轮廓时，剪刀可适用几乎所有面材，故应优先选择。裁切高精度曲线轮廓时，如材料余量小则不便使用剪刀，需使用手持电磨机来打磨余量。

（2）安全防护得当

面材草模型制作涉及刀具和加热工具的使用，这类工具的使用及收纳应避免形成安全隐患，同时要防止对人或物的意外损伤。操作前应适当清理工作台面并戴上防护手套，操作时要注意刀刃、高温部件的运动范围及方向，避免操作的动作幅度过大而造成意外人身伤害。工具使用完毕后须妥善放置于安全处，加热工具长时间不用时应及时切断热源。

3.3.3　面材草模型的制作内容与过程

1.面材草模型的制作内容

1）创意内容

面材草模型借助面材固有的面属性来构建形态，模型的制作始终围绕面展开，制作时直接构思和表现的对象包括面的轮廓和截面、面间空间关系等，各对象的制作内容如下：

（1）面的轮廓

探讨面的轮廓时，调整轮廓线的曲率和方向，从中观察线的弧度、加速度、流畅度和呼应度，同时改变各轮廓线间长度、曲率、间距的比例关系、衔接或过渡位置及连续关系，探讨线条张力、图形样式、虚实关系、曲率连续性、目标感性及语义、造型语言契合度等与形式美学、意象风格及造型主题相关的评价因素。

（2）面的截面

探讨面的截面时，通过调整其线型来改变面的曲率、轴线及对应的明暗关系，从中观察面的弧度、加速度和衔接连续度，探讨型面张力、光影图形、曲率连续性、明暗对比、虚实关系等形态美学评价因素，也包括动感、速度感、目标感性及语义等形态意象和风格评价因素，另外涉及特征和过渡面的主题性、典型性、适用性、统一性、完整性和戏剧性等有关造型主题表现的评价因素。

（3）面间空间关系

创建面间空间关系时，通过调整各面截面的空间位置与方向，改变各面的明暗及面积对比、连续关系，相交或过渡位置，观察由面暗示的体块饱满度、加速度、平衡度和呼应度，探讨体量比例、姿态属性、体块张力等美学评价因素和其他意象风格、造型主题的评价因素。

2）操作内容与技术要求

面材草模型制作包括构件定样、成型和组装三项内容，需完成构件的单独制作和整体组合。

单独制作通常涉及定样、裁切、折弯、弯曲等操作步骤，整体组合还涉及打孔、施胶、测量、开槽、插接、钉接、加固等，各步骤对应的操作内容及技术要求如下：

（1）定样

定样通过绘制、粘贴等不同方式将图样表现于面材表面。从二维图纸获得图样是定样的第一步，图样通常包括面的截面和轮廓形状。定样既可在面材上直接表现，也可先用纸张描绘好图样后再拓印。拓印前需用夹子将图纸可靠地固定在面材上方，然后用复写纸留下图样的清晰痕迹。值得注意的是，当构件以曲面方式构造模型时，在定样时需预留供连接用的足够面积。

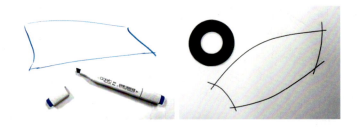

（2）裁切

待裁切面材上图样的清晰度、稳固度及线宽，将影响裁切轮廓的准确判断，因此裁切前要检查图样是否绘制清晰或粘贴稳固，并明确待裁切轮廓在图样线宽中的准确位置。

（3）折弯

进行面材折弯前要首先确定待折位置及棱线线型，然后视面材的种类选择废弃的圆珠笔或勾刀，顺棱线划过面材使之留下明显印记，最后从棱线中部逐渐向两侧折弯面材，适时松开并评价折弯效果，反复调整直至符合表现要求为止。

（4）弯曲

进行面材弯曲前首先要确定其上待表达曲面的轴线方向和曲率大小，然后选择曲率与其相比偏小的圆管并对准其轴线方向，按压面材两侧悬空部位以使之贴合，最后视面材回弹程度决定是否再次弯曲，直至符合曲率表现要求为止。弯曲过程的具体操作因材而异，如加工纸质薄面材时可徒手操作，使用食指作为面材弯曲的支撑也能快速得到较好的弯曲效果，而加工 ABS 板类硬质面材时，使用风枪加热辅助弯曲操作更快捷。

（5）打孔

面材构件除用连接槽插接外，还能安装外置连接件来形成易拆装的模型结构。为安装圆磁铁、塑料线、铁丝等连接件，需对构件待连接处打孔。打孔前首先在构件上选取2～3处孔位并标记，然后通过测量确保各构件孔位坐标的位置一致，最后使用手钻在构件孔位打通孔即可。孔位宜处于构件对称中心线上及两侧对称点上，由此可方便测量并保证连接效果。

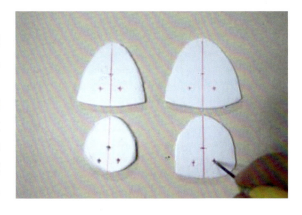

（6）施胶

施胶是将胶质附着于构件表面的操作，用于制作胶质连接件或加固非胶质连接件。胶体选用固态或黏流态，施胶时多用镊子、刀片、刮板等工具操作。施胶前应预估胶体用量，既要保证应有的连接强度，又要避免用量过多而影响美观或产生意外粘连。施胶时注意胶体不要受污染，并确保在其固化前妥当安装好非胶质连接件。

（7）测量

面材草模型的测量主要是对连接槽及连接孔位的测量，测量需在打孔和开槽前完成，用于测定标记的孔位及槽位是否合理。测量前需先设置统一的坐标基准，然后依据该基准分别测定孔位及槽位相互关系的合理性。例如，采用平面构造方式制作模型时，在定样时要对所有构件的对称中心线、二维坐标原点、截面相交线等进行标记；采用曲面构造方式制作模型时，同样要在定样时对构件连接点及方向进行标记。

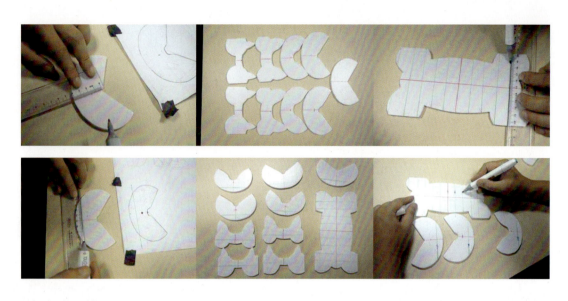

（8）开槽

　　经测量确定槽位位置无误后，还需进一步确定开槽宽度、长度及方向，要预先考虑构件组装逻辑、面材厚度带来的可行性及契合度问题，然后对相关数据进行核算和确认。通常开槽宽度应略小于面材厚度，开槽前先从标记位置向两侧各偏移出半宽以确定槽口轮廓，然后使用美工刀等合适工具去除多余材料。也可自制工具用于快速开槽，工具制作过程如下图所示。开槽长度可略大于理论值，这样即使开槽精度控制不佳也能通过位置微调获得较好的组装效果。开槽方向应符合构件组装逻辑，在组装时根据需要分别开槽不失为一种可靠的方式，但开槽时要注意避免造成模型损伤。

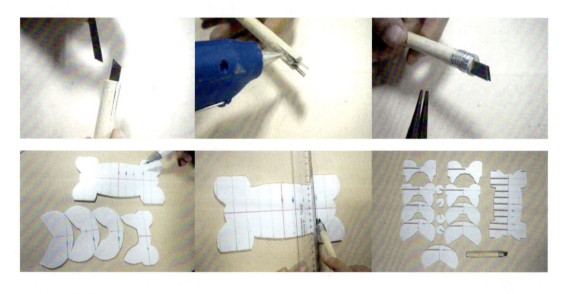

（9）插接

　　插接是指对含连接槽的构件进行徒手组装，只要槽位合理无误，构件组装按合理逻辑依次进行，大多可顺利完成。插接并非只在构件制作完成后进行，插接对象既包括构件成品也包括半成品，半成品多为已标记但未裁切轮廓的构件。半成品插接多发生于构思想法较模糊时的表现尝试阶段，待确定想法后即可裁切并重复插接。

（10）钉接

钉接多用于具有一定厚度且组织较松软的面材，如瓦楞纸板、KT板、EVA板等，当软质构件不具备插接条件时，多可用钉接方式连接。钉接多使用大头针，其具有较好的隐蔽性、强度和便利性。构件为垂直关系时钉接效果较好，针尖易隐藏于构件内部，既不影响美观度也不会形成安全隐患。构件为贴合关系时，需视面材厚度选择不同钉接形式。如面材较薄则平行表面用针缝合，将针头藏于构件内侧并用固态胶遮蔽；如面材较厚则垂直表面插针，针头可预先用尖嘴钳钳除，完成插针后将针体弯折为环形并将头部隐藏于构件内部。

（11）加固

相对于曲面构造方式制作的模型而言，平面模型的构件间通常具有更多的配合关系，较多的构件约束使模型结构更稳固，无特殊要求时无须加固。加固多用于曲面构件的连接，加固前首先确定各构件的约束强弱，然后从约束最薄弱的构件依次对其他构件——进行加固，直至模型稳固。加固需要在模型内侧设置加强筋，加强筋应尽量覆盖较大范围并设计为稳固的立体形式。

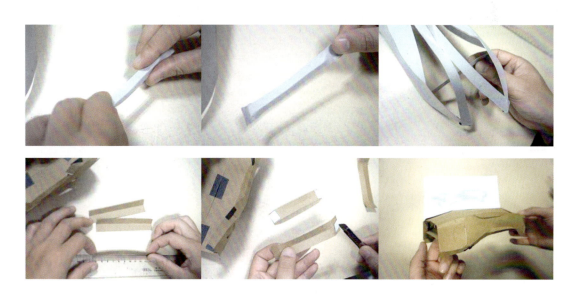

2. 面材草模型的制作过程

面材草模型同样要求构思和表现具有统一性，其制作需同时满足构思和表现提出的要求，从构思逻辑和表现逻辑中找到契合点，并依此规划模型的制作进程。因此，模型制作一般遵循以下顺序：外轮廓示意截面或主要特征面→内轮廓示意截面或次要特征面→型面示意截面或过渡面。

1）外轮廓示意截面或主要特征面

外轮廓示意截面指示整体体块的截面形状并暗示其轮廓形状，包括形态的对称截面和最能反映正投影的截面，用它可定义形态的整体比例、姿态倾向和部分视角的轮廓特征。

特征面因其造型辨识度及主题贡献度不同而有主次之分，主要特征面是其中辨识度及贡献度较强的部分，用它可定义形态的整体比例、姿态和关键轮廓特征。

2）内轮廓示意截面或次要特征面

内轮廓示意截面指示局部体块的截面形状并暗示其轮廓形状，通常为最能反映局部体块正投影的截面，用它可定义局部体块的比例和部分视角的轮廓特征，也包括与整体体块在体量上的相对比例和在空间上的位置关系，同时可定义出形态的姿态属性。

次要特征面是造型辨识度及主题贡献度较弱的特征面，用它可定义更全面的比例和轮廓特征，还可强化形态的姿态属性。

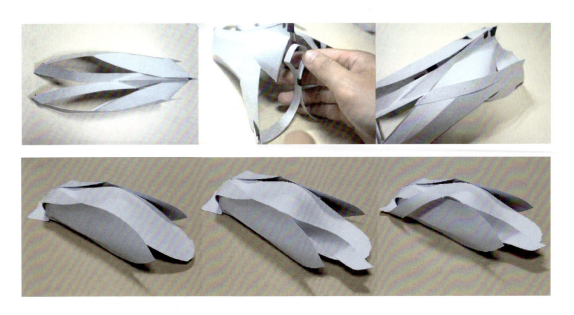

3）型面示意截面或过渡面

型面示意截面指示形态中反映型面特征关键属性的截面形状，处于内、外轮廓示意截面之间，能指示出更连续的模型型面。型面示意截面可更全面、精确地定义形态的轮廓、比例、姿态及型面特征。

过渡面是用于衔接各面以使之达到曲率连续性要求的曲面，用它可定义更全面、精确的型面关系，还可改善轮廓及其特征并强化形态的姿态。

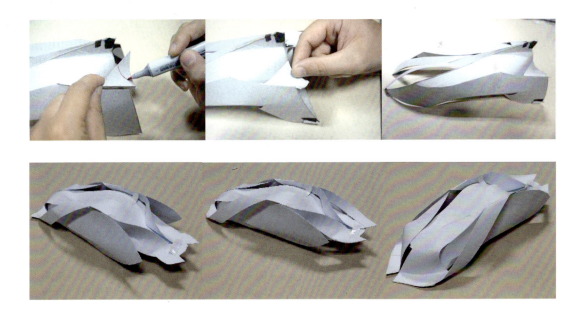

3.3.4 面材草模型的制作要求及技法

3.3.4.1 面材草模型的制作重点及要求

1. 构思和表现

制作面材草模型时应及时将形态结构、比例、姿态、轮廓及型面等构思内容表现于模型，从而有利于设计者跟踪评价并不断修正构思路径。制作面材草模型时应侧重于表现形态的型面结构与比例、姿态属性及轮廓、型面和线型（包括图形）三者的特征，同时适当降低对形态轮廓、型面和线型（包括图形）三者曲率及尺寸关系的表现精度要求，这样才能高效地捕捉创意灵感并体现构思意图，从而加速构思过程并最终提升构思质量。

2. 评价

面材草模型可视为面材制作的创意构思模型，设计者需视其介入构思的不同阶段，选择性地沿用构思草模型的评价标准与要求。

3.3.4.2 面材草模型的技法

1. 技法类型

面材草模型的制作技法主要包括构件定样技法、裁切与成型技法、组装技法和修正技法。定样技法应用于构件上方图样的制作；裁切与成型技法应用于构件轮廓线及截面线的制作；组装技法应用于构件和连接件的组合体的制作；修正技法应用于改善构件或组合体的形状。

2. 常用制作技法

面材草模型的常用制作技法如下：

1）定样技法

（1）图样提取

构件表面需表现的图样通常为面的截面或轮廓形状，其中，截面形状从三视图提取后可作为图样直接使用，其制作的技术难度较低。轮廓形状则完全不同，操作者能直接提取的形状均为立体视角下的型面外轮廓，需经展开换算才能作为图样使用，且换算面临较难的技术问题。

为简化技术问题并考虑草模型制作的实际需求，通常先弯曲面材再对照图纸来标记轮廓图样。如采用这种方式，设计者需要先确定面在其轴线方向上的大致尺寸，再弯曲面材确定其截面线，然后对照图纸从多视角目测并用铅笔标记出轮廓若干关键点的位置，最后将点流畅连接获得轮廓图样。所得图样虽然精度不高，但已能表达形态的轮廓特征，可以满足创意草模型的构思和表达需求。

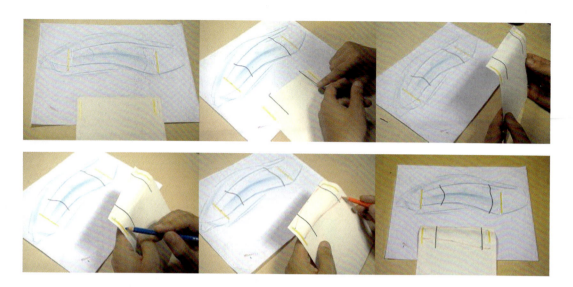

（2）图样表现

图样表现可用笔绘制或窄胶带粘贴，也可两者结合使用。胶带表现图样具有对比度高、修正无痕的优点，但其黏度和延展度限制了自身线条表现能力，多用于在光洁面材上表现低曲率曲线，尤其适合用于构思想法尚模糊的表现尝试阶段。为提升胶带的表现效率和精度，表现前需用笔标记出若干曲线关键点。表现时先将面材固定，然后从平行于面的方向观察胶带线型的流畅度，用食指按压贴合点，使胶带远端逐渐靠近面材并顺曲线方向调整位置。粘贴时要用余光观察并默记标记点的位置，预估并实时控制胶带的转向速度，使胶带恰好通过标记点，从而得到高连续度的曲线图样。

（3）图样区分

定样时务必标记构件的对称中心线、坐标原点、截面相交线、连接点及连接方向等，它们是构件组装的必要参考，为避免混淆可用不同颜色表示图样，必要时用文字加以注释。这些标记应清晰、牢固，因其在构件组装后即被遮挡，故除用笔绘制外还可用刀浅刻，但刀刻仅适用于较厚面材。浅刻通常使用刻刀，在面材表面刻出浅槽然后使用色粉对其着色，必要时用不同颜色来区分。

2）裁切与成型技法

（1）轮廓线裁切

平面构件的轮廓线通过裁切即可获得，制作曲面构件时其轮廓线除需裁切外还需弯曲。为快速而精确地裁切，要充分利用裁切工具和面材的特性与优势，并结合实际制作要求来选择合适的技法。

① 平面轮廓

使用刀具裁切时，刀口下压幅度要超过面材厚度，此外还需提供适当的阻力以使刀刃稳定。为利于操作，可在面材下方放置一定厚度和弹性的胶垫，胶垫靠摩擦力固定于桌面，也能一定程度地防止其上方面材的窜动。裁切时应保持低位握持刀具，同时要避开刀刃位置以防意外的发生，裁切划刀时尽量用手指抵住面材以提供稳定的导向作用。刀刃方向要视接触点切线位置适时调整，在裁切低曲率长线段时可通过适当加速来提高效率，反之则应减速以提高精度。

使用剪刀裁切时，双手分别握持面材切口单侧和剪刀刀柄，让手部保持适度紧张以使面材稳定。为使裁切路径与图样完全重合，需要在裁切过程中及时旋转手腕。裁切时使用刀刃根部可以提供更强剪切力并易于控制手腕的转向幅度。此外，材料硬度会限制剪刀的裁切，尤其是单次裁切时更不便，此时可从不同方向分多次裁切来逐渐去除材料余量，使面材轮廓由雏形不断逼近目标轮廓。

② 曲面轮廓

曲面构件的裁切轮廓需经弯曲才能转变为空间曲线，弯曲精度和材料限制使之难以精确表现，这一特点决定了曲面构件的轮廓精度要求不宜设置过高。制作时应侧重于表现轮廓的特征并使之流畅，高精度制作并不一定能带来表现上的实质提升，反而可能会大大降低制作效率，这在目标造型为双曲面时表现得尤为明显。曲面构件的轮廓图样在弯曲面材上表现，轮廓裁切在面材恢复平整后更易实施，如平整度不够可在面材底部粘贴双面胶，使之临时固定于胶垫再用刀具裁切，除此之外的其他技法与平面轮廓裁切所用技法无异。

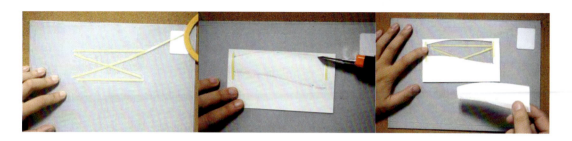

（2）截面线成型

平面构件通过插接或层叠方式组装成模型，模型形态由构件轮廓而非截面来表现，故构件截面维持直线状态即可；而曲面构件组装的模型，其形态由构件轮廓与截面共同表现，需要弯曲面材得到准确截面线，因此构件截面线制作仅针对曲面构件。

① 单曲面

单曲面构件的面材弯曲前，首先要确定待表达曲面的轴线方向和曲率大小，然后选择近似曲率的圆管并对准其轴线方向，按压面材两侧悬空部位使之贴合圆管，最后视面材回弹程度决定是否再次弯曲，直至符合曲率表现要求。弯曲过程的具体操作因材而异，如加工纸质薄面材时可徒手操作，使用食指作为面材弯曲的支撑也能快速得到较好的弯曲效果，而加工 ABS 板类硬质面材时，使用风枪加热辅助弯曲则更快捷。

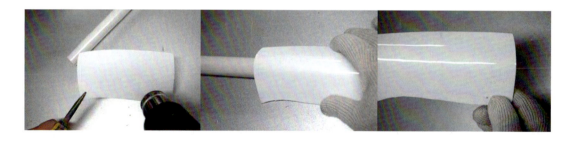

② 双曲面

硬质面材大多难以弯曲，表现单曲面时会限制在低曲率范围，表现双曲面时更困难。硬质面材中仅 ABS 板适合表现双曲面，但因涉及模具制作而较为费时。用 ABS 板表现时首先制作压塑用木材、代木或石膏等材质的模具，然后用风枪加热提高板材的可塑性，再将板材置于其上，用 3mm 以上厚度的密度板制成的压具扣压板材外轮廓，最后戴隔热手套推压材料表面使之延展。推压时应从面材中部开始，用软布团朝四周推压，同时对四周轮廓施力，使板材完全贴合模具。当材料冷却不再易于贴合时，需重新加热以提高其可塑性，应从整体到不良局部依次烘烤加热，待材料重新软化再次推压其表面以贴合模具。

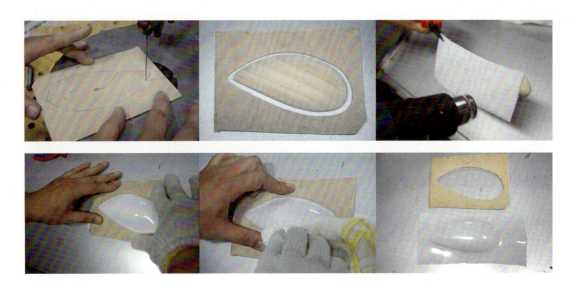

　　软质面材中的薄纸材和 EVA 板，能通过折叠、推压、弯曲等方式表现双曲面。用薄纸材表现受限于自身无法延展，因而只能得到近似双曲面的效果。用纸材表现时，需在材料四周适当位置开缝，然后在开缝处黏结或直接用预设卡口插接，使纸材平面扭曲后达到近似双曲面表达的效果。

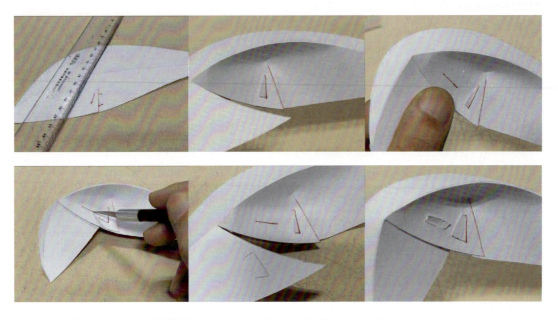

　　EVA 板用于表现双曲面时，因其延展性好可采用类似 ABS 板的模压技法，但由于材料具有较强的回弹性，故加大了材料的定型难度，需用风枪加热、表面涂胶等方式辅助定型，所得双曲面具有较好的视觉效果。EVA 板的表面用胶可选择白乳胶，具有易烘干、易硬化定型的优点，分多次少量涂刷并及时烘干能提高制作效率。

3）组装技法

（1）组装形式及原则

面材草模型具有多种构造方式，构件组装包括插接、钉接、吸附、黏结、焊接等不同形式，其具有不同的组装原则。

① 插接

插接需要构件设置连接槽或连接孔，前者直接靠槽口互相嵌合实现连接，后者需在孔内插入硬质塑胶管或金属管等连接柱来实现构件组合。

插接除用于平面构件外，还可用于曲面构件，构件的插接部位大多可设置于模型内侧，因此对模型美观度的影响不大。当构件具有一定厚度时，其插接能使模型形成较强的结构稳定性和拆装便利性，同时能以最少构件表达形态的高阶形式要素，如形态的结构、比例及姿态等。以上独特优势对于形态构思尤为重要，能在满足构思评价需求的同时灵活设置构件数量，因而大大加快了构思和表现效率，多用于快速制作具有构思方向拓展及延续功能的面材草模型。

② 钉接

钉接多用于较厚的曲面构件，只需构件穿孔即可实现连接，如连接不甚稳固，可通过给钉身涂胶来加强连接力。采用这种形式的目的多为组装曲面模型，可视模型内部结构的稳定性选择是否提供额外支撑物。如不提供支撑物，可将曲面构件两两相连加以固定，反之则将构件钉接于支撑物。虽然钉接而成的模型结构稳定性较弱，但操作简单灵活，模型拆装也极为方便，因而多用于快速制作含有曲面构件的面材草模型雏形。

③ 吸附

吸附多用于以层叠累加方式构造的模型，为便于安装圆磁铁应选用较厚面材，这种形式虽然需提前完成测量、打孔、安装及加固，但后续拆装方便易于调整造型，且拆装不影响其他构件，加之具有实体特征，因而多用于对造型解析度有较高要求的面材草模型制作，尤其适用于制作需持续修正以优化创意的高精度面材草模型。

④ 黏结

黏结操作简单，多用于快速连接构件或加固模型。连接构件时为拆装方便多选择双面不干胶，使用时将不干胶裁切后粘贴于构件连接位置，连接位置应选择近轮廓处，以便将之隐藏于模型内侧，同时可获得较好的连接强度。加固模型时多用较易清除且有足够强度的胶质，如热熔胶、硅胶等，可用胶枪或刮板等工具将胶体涂覆于构件结合位置，其中约束薄弱的构件需重点处理。黏结作为一种快速连接构件且适用范围较广的形式，在其他形式不易实施时经常采用。

（2）组装顺序及技法

构件组装应遵循面材草模型的制作顺序，同时满足构思和表现提出的不同制作要求。以平面纵横插接或层叠累加方式构造模型时，依次组装外轮廓示意截面、内轮廓示意截面和型面示意截面。以曲面空间组合方式构造模型时，依次组装主要特征面、次要特征面和过渡面。

① 外轮廓示意截面

采用纵横插接方式构造模型时，构件处于不同维度平面，通常先选取无须放置对称构件的 XZ 平面，在该平面放置 Y_0 截面（即 Y 轴方向坐标位置为 0 的外轮廓示意截面），然后依次插接位于 Y_0 截面中部的最大纵向和横向截面（即 X 轴和 Z 轴方向上的外轮廓示意截面），最后检查构件间的垂直关系，判断其是否在不影响构思评价的误差范围内，如超出范围可在构件连接处用板夹暂时限位。

采用层叠累加方式构造模型时，构件处于平行平面，通常先放置位于形态中部的最大截面（可选 XY、XZ 及 YZ 平面之一），然后用吸管穿过构件中心定位孔（该孔还用于后续安装连接件），再确定形态两端截面距此构件的距离，在吸管上测量并用笔标记出安装位置，最后将吸管两侧（如为双吸管则为单侧）同样穿孔安装上两端截面，并注意调整间距和各向角度以使位置关系准确。

外轮廓示意截面构成的模型雏形是后续构思、表现和评价的基础，因此需在完成上述步骤后，及时对模型雏形进行高阶形式要素的评价与修正，以便为后续待安装构件提供有效的造型基准。

② 内轮廓示意截面

内轮廓示意截面位于构成形态的若干体块单元中部，其组装技法与外轮廓示意截面基本一致。组装过程为充分利用模型雏形提供的物理支撑条件，并避免造成物理冲突或模型损伤，通常按照体块单元的体量由大到小依次组装。

对于纵横插接构造方式而言，首先组装的内轮廓示意截面应优先选择和模型雏形具有连续多向相交关系的截面，由此可加固模型结构并为后续插接提供可靠支撑。完成该构件组装后，再根据构件覆盖空间范围由大到小依次组装截面，以便及早摆脱物理约束，然后切换到其他体块单元重复以上操作，最后仍需借助评价与修正来优化模型形态。

对于层叠累加构造方式而言，由于其模型雏形内构件多为悬空状态，因而其后续组装极易损坏模型，在安装内轮廓示意截面时应实时修正构件位置才能取得较好的效果。构件组装时仍然按照体块单元大小依次进行，如构件受模型雏形限制不能直接组装时，则应从定位孔开缝以使组装可行。另外，由于构件用定位吸管串接，若构件不开缝则存在组装顺序问题。如先安装吸管于模型雏形，则应按照空间前后顺序依次组装，反之则需单独完成体块单元的组装，再将定位吸管安装于模型雏形。由前述可知，层叠累加构造方式并非简单的逐层累加，为满足构思及评价需求需采用有间隔的截面组装形式，在模型形态基本定型后才单纯为其表现而重新拆解并制作成实体状态。

此外，不管模型采取何种构造方式，一旦形态轮廓较复杂，那么用于示意轮廓所需的截面范围就可能超过文中所述，截面所放置的具体位置及顺序也可能有所区别，需要结合形态对象进行具体分析才能取得较好的技法应用效果。

③ 型面示意截面

型面示意截面的组装用于形成具有更连续型面的模型形态，其构件多为平行关系，只需考虑单个方向上的插接或串接。通常从模型雏形的间隙中部开始组装，因此当构件需串接时要对其进行开缝处理以避开两侧构件的遮挡。所有间隙分多次成批补充构件，视造型解析度要求决定构件的数量及补充次数，可有针对性地在关键部位添加构件以提高表现效率。

通常纵横插接构造的模型补充构件所受限制较多，导致其间隙较大，故其造型解析度要

求不宜设置得过高。而层叠累加构造的模型不存在此类问题，填补所有间隙所得模型实体，不仅结构稳固还能满足更高解析度要求。

④ 主要特征面

采用曲面空间组合方式构造模型时，如模型效果要求低，其组装形式多为钉接，反之则多为插接或黏结。这些组装形式也可混合使用以提高模型制作效率和表现质量，例如，可先用钉接完成模型形态的快速构思、表现和评价，待形态明确后再改用其他组装形式来提升其表现质量。

通常由曲面构件组装而成的模型是空腔状态，在其内部如设置额外支撑物将便于构件定位，反之则只能靠构件间相互配合形成的约束关系定位。所设置的支撑物通常为 PU 硬质泡沫块，将其加工成略小于模型的尺寸，然后将构件钉接在其外部，待模型完成组装并加固后可选择将其拆除。

构件组装时，应根据主要特征面构件所示体量大小决定组装顺序，由大到小依次完成组装。如不设置支撑物且主要特征面构件互不相交，则需要通过其他构件定位，优选其中占空间范围较大者参与后续组装。组装时如出现模型结构强度难以支撑后续待组装构件的问题，应及时在模型内侧设置立体加强筋来加固模型。最后，无论是否设置支撑物，组装过程都应重点评价模型雏形的比例、姿态和轮廓，它们是通过改变曲面构件的组合状态即可快速修正的形式要素，同时也是后续构思的重要造型基准。

⑤ 次要特征面

次要特征面和主要特征面在组装要求上基本一致，同样需根据构件体量大小依次组装，必要时要加固模型并对其形态及时评价和修正。相对而言，次要特征面的组装具有自身特点，组装时模型已初具雏形并被加固，为待组装构件提供了较好的支撑条件，此外，待组装构件的造型特征重要度偏低，对其提出的表现要求也无须过高。由上述特点决定，次要特征面构件的组装形式可以更加灵活，换言之，只要能实现快速构思和表现，无论是钉接、插接还是黏结都可采用。

⑥ 过渡面

创意形态的过渡面多为双曲面，使用模型常用面材制作双曲面较困难，故模型中待表现的过渡面多为主要特征面间能体现特征关键属性的过渡面。过渡面的组装需要解决面的连续衔接问题，由于面材厚度会造成型面连续性问题，故多用薄面材制作过渡面构件。过渡面构件组装涉及的表现问题较突出，构思及评价问题较易解决，因此所采用的组装形式多为利于表现的黏结。

4）修正技法

创意草模型对形态的构思和表现，可被理解为在概略或非连续的三维空间内构建低解析度形态的过程。草模型以不同形式压缩目标形态的三维理论空间后，目标形态只剩下离散、模糊或夸张的片段。面材草模型因自身固有的面属性，其构件的型面表现具有显著、高效的空间压缩功能，空间压缩能让构思和表现有所聚焦，但要容纳足量创意内容则必须对压缩空间加以优化。空间优化是面材草模型制作及修正的重要内容，其主要优化对象包括构件的创意内容承载量和空间布局方案，最终目的是提升构件表现效率和模型形态的造型解析度。此外，除空间优化外，面材草模型的修正内容还包括构思和表现的修正。

（1）创意内容优化

构件创意内容优化的主要手段是调整构件的轮廓和截面，以此来完善构件的创意内容承载量。曲面构件的优化大多需增加构件覆盖范围，这可能将影响构件的复杂度，因此，构件轮廓及截面的调整难以在原构件基础上进行，设计者往往需重新制作改良构件。平面构件的优化需增加构件数量，新构件数量及位置往往视局部造型解析度要求而定，通常曲率变化幅度较大的位置有较高解析度要求，添加的新构件多处于此类位置。

综上所述，提高构件创意内容承载量往往不在原构件上直接修正，而是通过替换、添加新构件的方式实现。因此，为提高模型的制作效率，构件修正和构件制作在模型实际制作中无须区分，都应从提高创意内容承载量的角度，考虑如何扩大构件覆盖范围、精简构件数量和避免构件过于复杂等问题。

通常构件复杂度和构件覆盖范围及所需构件数量成反比，因此所有构件创意内容的优化关键问题是如何控制合理的复杂度，这对于曲面构件制作更具有现实意义。曲面构件复杂度的合理控制需掌握的基本原则是整合关键特征属性，同时适度忽略其他属性以避开其表现障碍，由此得到的往往是带有关键特征属性且易于表现的组合曲面，这是构件创意内容优化的重要技法。

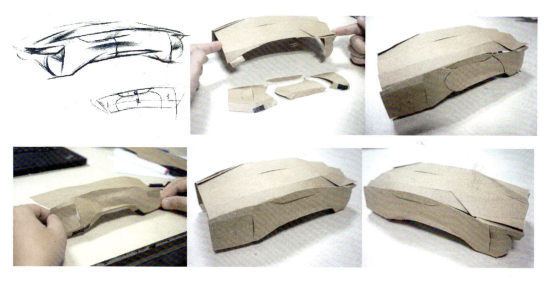

（2）空间布局优化

构件空间布局优化的主要手段是调整构件的方向（曲面轴线方向或平面法向）及相互位置，以此来完善构件的空间布局方案。对于不同构造方式组装的面材草模型，其空间布局优化技法有差异。

① 平面层叠累加方式

以该方式构造的面材草模型，如果待表现目标形态在 X、Y、Z 三轴任一方向明显存在曲率变化较缓且轴向深度较深的情况，则平面构件宜多置于该方向的平行平面上，即构件法向和该方向垂直。举例说明：对于圆球体而言，其 X、Y、Z 三轴任一方向形态完全相同，因此构件任选平面法向得出相同的造型解析度，而对于椭球体而言，只有短轴和平面构件的法向重合，才能以最少构件获得所需造型解析度。

② 平面纵横插接方式

以该方式构造的模型，因其平面构件已分处于 X、Y、Z 三轴构成的平面，实际上并不存在优化构件平面法向的问题，但不同方向或单个方向上平面构件的密集度（间距）均可有差异，以使构件的空间布局更优。在待表现目标形态的曲率变化幅度较大的位置，应使周围构件的间距减小，以提高构件的表现效率。

③ 曲面空间组合方式

模型常用面材制作的曲面构件多为模拟双曲面效果的单曲面。双曲面的轴线多为曲线，其方向也非单个方向，因此构件曲面轴线方向的设定具有一定的弹性空间。另外，待表达目标形态内双曲面的表现应突出其独特的特征属性，因此构件曲面的轴线设定也应体现面的独特性。通常扭转构件的单曲面使其轴线方向多变，能获得更好的双曲面模拟效果，也更易于体现面的独特性，如下图所示。此外，单曲面构件的轴线优化还需考虑构件制作及组装难易度，从而提高构件对双曲面造型的表现效率与可行度。

（3）构思和表现修正

面材草模型实际制作中在不断探讨面材轮廓及截面的样式，两者样式通常由裁切、折弯或弯曲生成。为获得轮廓的平面样式，简单的制作方法是直接裁切去除多余材料，但由于面材经裁切轮廓不可逆，因而会给后续构思和表现带来诸多不便。为获得截面样式，折弯或弯曲必不可少，但面材形变具有一定可逆性，可以在其上反复修正。综上所述，面材构件的构思和表现修正在操作层面的主要障碍在于材料轮廓的不可逆性，因其造成的制作问题将限制构思和表现的快速实现。

前面曾介绍过面材草模型的定样技法，其中，图样表现的技法指出图样表现可用胶带粘贴等易清除的方式操作，该方式适合构思想法尚模糊的表现尝试阶段，实际也属构思和表现修正技法的内容。首先将未裁切构件直接组装，然后用中性笔在各构件上标记形状图样，图样经评价与修正后即可裁切。如模型为 KT 板制作，其裁切可直接在组装所得雏形上进行，构件经裁切可能无法保持完整，后续可通过钉接或黏结等方式组装到位。这种快速表现和评价的方法将利于修正构思和表现，同样属于模型的修正技法。

此外，模型组装采用各种易于拆装的连接方式，是模型修正技法得以顺利实施的有利保障。这种方式下构件得以快速替换，构件的修正脱离模型限制，使之更易操作并避免了构件损坏。通常来说，层叠累加构造的面材模型相对于其他构造模型的构件拆装更快捷，也不易造成模型结构稳定性的破坏，因此，在对型面特征和整体姿态有较高表现要求，或材料不易在组装状态裁切时，应多采用这种构造的面材模型。

3.4 块材草模型

块材草模型是使用油泥、泡沫塑料板等常用模型块材制作的创意表现草模型，是能被快速塑造的具有体块相关创意功能的模型。

3.4.1 块材草模型的功能及特点

块是体量表现的基本单元，是占据三维空间的封闭实体，具有能被明显感知的体量感，通过块的形式变化能有效地表现空间立体形态。

块状的材料具有连续表面，能围出封闭的空间，与线材和面材相比更具充实、稳重和安定感，以其为基础进行的形态塑造更能经得起不同视角的审视。块材具有明显的空间占有特性，因此具有更强的立体表现力和更明显的体量感，它的连续表面能能够从多维度反映形态及其变化，提供更多的形态塑造可能并产生丰富的视觉变化。

块材常用于需要快速探讨与表现形态体量感的草模型，由块材制作的模型可全面指示其形态的形式要素，是具有更高造型解析度的草模型。

1. 构思功能

块材草模型是设计者快速构思轮廓、比例、姿态的创意载体。块材草模型利用块材固有的体块属性，是能被快速塑造的具有体块相关创意功能的模型，其制作是对体块的轮廓特征、体量比例、平衡及其他关系等构思的过程，易于评价与体块的形状及组合有直接关联的结构、比例、姿态、轮廓、型面、线条、图形等形式要素。

2. 表现功能

块材草模型能够快速表现形态的各种形式要素，其中，结构、轮廓、比例、姿态的表现尤为快速。对块材草模型中体块形状、大小、位置及关系的简单调整，即能快速满足形态的结构、轮廓、体量比例及姿态的表现要求。体块的简单调整通常会使体块型面的轮廓线、截面线和数量发生若干变化，因此型面塑造也属于块材草模型的重要表现内容。

3.4.1.1 模型的制作优势

1. 构造自由

块材草模型材料包括可塑材料和不可塑材料，模型塑形既可单独应用添加法或削减法，也可综合应用两者。构造方法具有应用灵活性，可快速应对各种模型的构造问题，因而在满足构思和表现要求的前提下，块材草模型的构造方式可较为自由地选择。

2. 构思准确

块材草模型制作通过体块来构思创意，体块因其全面表现力而能指示完整的创意内容，因此其对创意内容的表现更加全面、具体和明确，利于准确评价并形成明确的构思方向。此外，体块的简单调整即能快速反映结构、轮廓、比例、姿态等高阶形式要素的状态变化，表现所具有的高效性及高阶性将直接提升构思效率，使构思及其结果始终处于顶层约束状态，因而构思不易偏离正确路径。

3. 表现全面

块材的外观属性及加工特性，决定了块材草模型具有更全面的形态表现力，其表现高效性主要体现于结构、轮廓、比例、姿态的塑造，其他形式要素的表现效率虽然稍低但依然能被完全覆盖。此外，块材草模型构造自由，能根据内容的具体表达需求确定更匹配的构造方案，使之能够表达其他创意草模型难以表达的创意内容。

4. 调整精细

块材草模型具有突出的实体特征，模型调整多为实体构件的直接更改，其更改通过体块的体积增减或形状变化实现，原有造型可更新为几乎任意造型。模型块材大多组织细密，通过徒手或借助工具对其进行推压、捏制、贴覆、切削、刮削、打磨等操作后，能够反映较全面的造型细节。此外，块材草模型结构稳定，操作精度受材料约束较少，因而更易获得高精度要求的造型细节。

5. 装饰仿真

块材草模型的形态如不考虑其制作效率，能被塑造得极为精确。当其表面的曲率满足连续性要求后，可通过表面处理及涂装进一步提升其造型解析度。块材草模型成型后只需通过简单处理即可得到光滑表面，对其表面涂饰后可真实观察到高光、反射线等构思对象。这些对象受材料质感所限在成型阶段难以表现，也是其他创意草模型无法准确表现的对象，因而是块材草模型制作的独特优势。此外，块材草模型涂装后可形成各种色彩、光泽及图形肌理效果，将丰富、强化形态的感性主题及特色，也有助于形态、色彩及肌理仿真度的提升。

3.4.1.2 模型及其制作特点

1. 模型特点

1）提示明确性

由块材的实体特征决定了从任意视角观察块材表面均能获得高解析度，使所提示的造型一目了然。另外，即使在其上不进行任何创意表达，材料仍明确提示其固有造型，因此无论模型完成度如何，模型局部的造型辨识均不存在对象模糊的问题。

2）形状稳定性

模型用块材组织紧密、成分稳定，受外部环境变化的影响较小，能长时间保持自身形状。块材草模型内部多为实体填充，不像其他模型存在空腔或仅用框架结构支撑造型，故其模型结构更加稳固。材料的形状保持力和模型的结构稳固性，使块材模型成品能长时间保存并能承受更强外力而不整体变形，因而模型具有更强的形状稳定性。

2. 制作特点

1）表现快捷化

块材草模型通过体块的整体表现塑造形态雏形，然后局部表现型面、线型、图形等形式要素。形式要素的局部表现依赖于形态雏形提供的造型基准，否则难以保证其有效性。模型制作过程中形态雏形逐渐精细化，将提供更明确且固定的造型基准，加之形态体量的变量减小，将使形态表现更加快捷。

2）构思高效化

块材草模型的形态雏形是后续造型的物理基础，其状态将限制形式要素的表现，例如，在应用削减法制作模型时雏形体量只减不增，表现所受体量限制尤为明显。块材草模型形态表现先整体后局部，表现对象覆盖的空间范围逐渐缩小，其表现将受更少的限制。增强的表现可行性将减少构思尝试次数并易于实现创意想法，从而具有更高的构思效率。

3）过程约束化

体块渐变是块材草模型表现创意内容的特有方式，与先整体后局部的表现方式相结合，可呈现出具有相近构思和表现完成度的创意对象，因此形态的塑造和优化可分别有序展开。制作推进过程中有待表现的创意内容趋于丰富，当涉及不同复杂度的创意对象时，各对象的构思和表现完成度将产生较大差异，它们的形态塑造和优化只能同时或交替进行。这一现象将导致塑造和优化问题复杂化，并使各创意对象产生更紧密的构思和表现关系，因此模型制作受到更多条件约束。

4）评价完善化

块材对造型的多维高解析性和对形式要素的表现全面性，使得材料的任何体块变化结果均清晰反映所有形式要素的具体状态，因而块材草模型制作具有显著的实时表现性。模型制作过程中产生的任意形态均能反映形式要素的当时状态，其评价虽然具有一定局限性，但仍能得出合理结论。在形态精细化过程中，表现对象的形式趋于完整、精确，其承载的创意内容趋于丰富，对其评价将更深入和具体，所得评价结论更具启发性、针对性和全面性，因而评价及其结论均更完善。

3.4.2 块材草模型的材料与工具

3.4.2.1 材料要求

1. 构思与表现要求

块材草模型通过材料体块形状的空间变化构思和表现创意内容，在实际制作中为求方便通常以体块上附着的型面为操作对象。为方便探讨体块上型面的形状及其空间变化，要求块材具有一定的变形、定型能力及可重复调整性。为方便记录创意内容或撤销不良记录，同时要求材料具有模型结构支撑力、抗变形能力、清除便利性及添加便利性。

2. 操作与技术要求

块材草模型制作过程中所执行的操作通常包括测量、标记、切挖、刮削、磨削等，当使用添加法制作块材草模型时还包括揉捏、贴敷、捏塑等操作，这些操作要求材料具有适宜的表面平整度、黏度、可塑性、硬度等。为便于借助简单工具对材料进行操作，材料需具有适合手工快速加工的硬度、强度、清除便利性、塑性可调性、打磨快捷性等特性。

3.4.2.2 常用材料及类型

1. 材料类型

块材草模型通过块材体块变化表现创意内容，体块变化包括体块轮廓和关系、体量比例等的变化，对应表现结构、轮廓、比例姿态、型面、线型及图形等形式要素，草模型用块材是表现这些要素的优良载体。草模型用块材通常硬度不高，能在其表面快速标记线条并纯手工完成线条制作。操作者使用笔、刀或胶带在块材表面标记，通过手持工具快速切削出曲率连续变化的棱线，或者通过徒手添加材料后捏制成型，能够快速构思和表现体块轮廓。块材草模型使用材料添加法、削减法或加减综合法制作，其材料通常分为可塑材料和不可塑材料。

1）可塑块材

可塑性是更快速塑造形态体块所需的材料特性，通过推拉、压捏等操作在材料总体量不变的条件下改变体块关系及体量比例，将免除材料加减的耗时和工作量。材料添加法制作块材草模型多使用可塑块材，可塑块材除需具有较高可塑性外，还需具有适中的黏度以通过贴敷或剥离来增减材料量。同时，理想的可塑块材还需具有可调节的硬度、足够的强度和紧密的组织，从而保证所制模型不易被破坏并达到装饰及仿真的效果。

（1）可塑性较强

可塑块材应具有较强可塑性，能通过推拉、压捏方便地塑造形态雏形，能经手工加工制作曲率丰富的曲面形态。优良的可塑块材既能徒手塑形，也能用工具加工制成较高复杂度和精细度的曲面形态，同时材料表面的曲率能被精确控制。

（2）硬度和强度适中

可塑块材应具有适中的硬度和强度，其加工不会造成非加工部位形状的破坏，因而材料硬度和强度间需具有微妙的平衡关系。优良可塑块材的表面硬度在不同条件下会发生变化，操作时具有较低的硬度，成型后又具有足够硬度和强度以使形态不易被外力破坏。

（3）黏度适中

可塑块材需黏度适中，使用手指对其轻微推压即可紧密贴敷于块材表面。优良的可塑块材不易卷入气泡导致黏度降低而脱落，多余材料能用铲刀等工具方便地剥离或清理且仅留少量残余。

（4）组织较紧密

优良可塑块材的组织较紧密，经操作者的简单切挖、刮削等处理即可具有高光洁度和流畅度的表面，易于在其上应用喷涂或贴膜等手段来装饰或仿真。

2）不可塑块材

不可塑块材的形态塑造可仅通过削除材料完成，但这依赖设计者对形态体块较强的理解力和控制力，制作时既需要严密的构思逻辑也需要谨慎的实际操作。不可塑块材多使用削减法成型，成型构件能通过嵌合、黏结、插接等方式组装成复杂形态。不可塑块材需具有适中的硬度和强度以方便手工切削成型，经切削即可获得较高的表面平整度，材料疏松度适中以利于构件嵌合和细节精加工。

（1）硬度和强度适中

不可塑块材的硬度和强度需适中，经手工加工即可快速成型，且能够长期保持不变形。优良的不可塑块材硬度适合刀具切削，轻度施力即可削除材料，同时具有足够强度来保证形态不易被外力破坏。

（2）表面平整

不可塑块材经手工加工应具有较高的表面平整度，可经切挖、刮削、磨削等操作工序制成曲率精度较高的曲面造型。优良不可塑块材经刀具切削或软布打磨即可获得高平整度的表面，用自制模板即可加工出高精度的规则造型。

（3）组织疏松度适中

不可塑块材的组织疏松度应适中，在保证切削便利性的前提下，其表面不应含有较粗大的孔隙，以利于精细加工造型细节。优良不可塑块材所具有的组织疏松度不但有利于材料切削，而且有利于材料的相互嵌合，从而便于隐藏材料拼接产生的接缝，使形态更加完整和流畅。理想的不可塑块材除有上述特点外，其表面孔隙要易于封闭或几乎不可见，经简单加工后表面即具有高光洁度，可直接用于涂装处理。

2. 常用块材

块材草模型的常用材料包括软陶、工业油泥、纸黏土、石膏等可塑材料，以及聚苯乙烯泡沫塑料、PU 硬质泡沫塑料、代木等不可塑材料。其中，工业油泥和 PU 硬质泡沫塑料的加工工艺简单、效果好，是块材草模型的常用材料，其他块材受材料成本、适用性及加工工艺难度等条件限制，多见于满足特殊构思或表现需求的草模型。

1）软陶

软陶在常温下具有较强的可塑性，可徒手塑造成复杂曲面造型，使用工具可制作出更丰富、精细的造型细节。常温下软陶的硬度和强度较适中，适合手工捏塑或切削，但切削操作难以精确控制材料的形变，因此仅适合制作模型雏形。加热材料可强化其硬度和强度，此时使用工具能将其切削、打磨成具有较高表面质量的模型形态。软陶的黏度尚可，但紧密贴敷时的施力易破坏已有造型，或多或少地会造成其形变，因此常温下多单独制作各构件，并单次贴敷足量材料以减少操作次数。软陶的组织较紧密，经加温、硬化后的材料表面光洁度较好，只需简单处理即可进行表面装饰。

2）工业油泥

工业油泥具有较强的可塑性，能在加热或常温下通过徒手塑造各式造型，尤其适合表达曲率变化丰富的复杂曲面造型。工业油泥经加热后具有较低的硬度和强度，成型前和成型中的各项操作都较轻松。待油泥回温后其硬度和强度增强，因而模型表面及内部更结实稳固，对其表面新添油泥部位的各项操作较自由，同时不易造成模型其他部位的破坏。加热后的油泥黏度更好，贴敷时将软化模型表层，能够获得紧实的贴敷效果，且施力较小不会破坏模型形态。油泥组织紧密，精刮后的油泥表面具有高平整度，能够精细表现曲面的曲率变化及光影关系，可通过直接喷涂或覆膜来提升造型的品质感和仿真度。

3）纸黏土

纸黏土的可塑性相对其他常用可塑块材较弱，通过手工操作同样可以表达各式造型，但造型细节的表达精度稍低。纸黏土的湿度将影响其硬度和强度，较高湿度的材料更易手工捏塑和切削，但材料内部纤维粘连且松弛，易出现切削不畅或材料变形等问题，故在材料干燥后进行手工切削才有较好的操作效果。纸黏土的黏度较低，其贴敷要达到紧密的附着效果需加大施力，此时其已有造型易被破坏，在模型干燥后具有较好硬度和强度的条件下，其表层的贴敷效果较好。纸黏土组织紧密度稍低，所制模型干燥后其表面经打磨虽可获得较高的平整度，但干燥后材料易收缩且打磨时纤维易脱落，会在材料表面留下细小的气孔，细孔需经密封处理才能获得较好的表面涂装效果。

4）石膏

石膏为半凝固状态时具有较强的可塑性，材料凝固时间短，因而需要快速贴敷并塑造。石膏的主要塑造方式除捏塑外还包括挤塑，两者均可先用胶套包裹材料后再塑型，可以快速制作出流畅的复杂曲面造型。半凝固状态的石膏硬度和强度适中，用刀具手工切削大块材料尤为方便，且材料切口清晰平滑，加之色泽白净，因而具有较好的视觉体验。石膏凝固后的硬度和强度变高，此时手工切削大块材料易崩裂，但打磨方便，可快速得到光滑表面。半凝固石膏具有一定黏度，可连续多次贴敷但不宜时隔过长，否则易因凝固度不同而无法融合。石膏凝固后组织较紧密，但在操作过程中材料难免会混入空气而产生气泡，气泡需在表面打磨完毕后封闭，从而获得较好的涂装效果。

5）PU 硬质泡沫塑料（硬度和强度适中、表面平整、组织疏松度适中）

PU 硬质泡沫塑料为浅黄色，加工余料多为粉状。在模型常用不可塑块材中，PU 硬质泡沫塑料的硬度和强度较适中，手工切挖、刮削或磨削即可快速成型。PU 泡沫表面平整度高，经手工加工后能继续维持高平整度，能快速表现流畅的曲面造型和规则的几何造型，也适合表现精度较高、曲率丰富的复杂曲面，以及局部偏薄的模型形态。PU 泡沫组织疏松度适中，因密度不同其表面有不同大小的孔隙，密度较高的 PU 泡沫经精细加工可表现完整的造型细节，密度较低的 PU 泡沫用工具切削容易，徒手刮削亦可操作。PU 泡沫除组织疏松度适中外还具有一定弹性，使嵌合后的材料拼缝几乎不可见。

6）聚苯乙烯泡沫塑料

聚苯乙烯泡沫塑料为白色，其硬度和强度相对其他块材偏低，利于手工切挖、磨削成型，适合加工较厚的各式造型。聚苯乙烯泡沫块材由泡沫颗粒组成，刀具切削易使颗粒剥离造成表面平整度不佳，因此多以磨削或热切割方式获得高平整度的造型表面。聚苯乙烯泡沫组织疏松度相对偏高，其颗粒易脱落且具有较高弹性，难以精细加工，因而不易获得造型细节。

7）代木

代木为粉红色，其硬度和强度相对其他块材偏高，用于制作创意草模型时，多使用手持电动工具铣削或磨削成型，适合加工各式造型，包括偏薄的壳体造型及结构复杂的曲面造型。代木表面平整度高，经手工切削、磨削即可快速得到光洁表面，可直接喷涂或覆膜以获得高仿真度。代木组织疏松度和弹性偏低，能经手工加工出较高精度的造型细节，所制构件连接时易因尺寸配合不佳造成间隙或干涉问题，因而对构件连接处的尺寸精度要求较高。

3.4.2.3 常用工具及类型

1. 工具类型

块材草模型制作的主要操作包括标定、成型和组装，使用合适工具可以提高制作效率。

1）标定工具

标定是由现场观测数据核定材料实际状态的造型解析度（吻合目标造型的程度）的操作，通过估测材料并在其上标记反映造型差异部位和差异度的记号来完成标定。估测工具需具有较高测量精度，使用时易于采集核定材料造型解析度所需数据，其中，曲面估测工具多为自制。标记工具需具有较高的表现精度和清晰度，使用时通常选用高对比度且易于清除的表现方式。

2）成型工具

成型是将块材通过切削、贴敷、捏塑等手法塑造成构件造型的操作过程。不可塑块材的成型通常需借助刀具和磨具操作，硬度较高时需使用电动工具加工。可塑块材可通过徒手加工粗略成型，其快速成型有时会使用加热工具软化材料，精确成型则同样需借助刀具操作以提高制作精度和效率。块材成型所需切削工具分为切挖、刮削、磨削等不同类型，均应有利于产生较强的切削力，为提高制作效率应区分不同规格和加工精度。块材所需贴敷工具能提高贴敷效率和质量，能在添加材料时同步完成其塑型且效果优于徒手操作。贴敷工具常和加热工具配合使用，经加热软化的块材才有利于使用贴敷工具快速塑型。块材捏塑通常采用徒手操作，无须使用工具即可获得形态雏形，因材料硬度较高而不便操作时须使用加热工具软化。

3）组装工具

组装是将块材构件通过自身嵌合结构、外部连接件或粘胶组合在一起并加以固定的操作。组装工具包括嵌合结构制作工具、连接件制作工具和构件连接工具。嵌合结构制作需保证其坑洞的形状、深度和位置，为保证精度需使用测量、切削工具，与组装前曾使用的工具无异。连接件使用相同材料制作时，工具和制作嵌合结构时相同，包括测量和切削两类工具；使用不同材料制作时，工具类型相同但具体选用和使用要求有所差异。构件连接将已安装连接件或已加工嵌合结构的构件组合在一起，有时需使用加固工具以确保连接稳固。

2. 常用工具

1）高度尺

高度尺能够测量点的三维坐标数据，具有可升降、可伸缩的带尖头测臂，配合稳固的可移动方形底座，可采集并记录块材表面上点的空间位置，也能标记目标造型上点的空间位置。高度尺的记录和标记功能可采集模型的单侧造型数据，经数据转换后可用于确定对称造型。高度尺需配合带刻度的工作台面使用，否则只能测量点的高度。高度尺用于标记目标点位置时，需要材料具备较低硬度以便测臂尖头伸入材料内部，因此代木等硬质块材难以通过高度尺实现标记。用高度尺标记时，为准确放置底座的 XY 平面坐标位置，一般需紧贴台面平移底座，此时测臂应尽量平行台面，以免因阻力导致其尖头无法顺利伸入材料内部。通常和台面处于近似平行关系的材料表面，其目标点位置因阻力、伸入过长等问题难以标记，可改变材料放置方向以便用高度尺对其进行标记。

2）手钻

手钻分为手动钻和电动钻，用于标记目标点的深度，也可用于制作连接件的安装孔。多数块材可用手动工具快速钻孔，但代木等较硬块材用电钻加工更快捷。手钻的钻头直径应为 3mm 以上，过小将导致标记模糊而不利于观察。

3）直柄刀

使用直柄刀时，宜选择刀刃较厚且有轻微弧度的型号，直柄刀主要用于在可塑块材上画线，

以便突显其上轮廓线和截面线、特征线和过渡线等各类线型的状态。所画线条是反映材料实际状态的明显标记，与目标造型形象对比后，有助于快速明确差异部位和差异程度。当标记截面线时，往往画出呈网格状的成组线条，以呈现不同方向明显的截面状态，通常用于高精度的型面估测。除已标记的线型外，还需将材料和目标造型的差异度标记于材料表面，此时可在差异部位做不同标记来指示。

4）木凿

木凿刀头较厚，刀体不易变形，具有平整的切口轮廓和表面，能将切削余料顺楔形刀刃及时排出。木凿可借助锤击加强切削力，多用于代木、PU 泡沫等硬质不可塑块材的小块切挖，也适合切挖形状精度要求较高的用于嵌合的坑洞。木凿有时也用于切削可塑块材，切削时将其刀体贴合材料表面，手部能够敏锐感知和精确控制刀头运动方向的变化，因此常用于曲面局部截面的切削成型。仅靠手部对木凿施力时，应多次瞬间发力以产生较强切削力。使用木凿加工时材料的切削厚度不宜过大，以防出现材料崩裂、施力困难等问题。

5）铲刀

铲刀分为手动铲刀和电动铲刀。电动铲刀主要用于代木的切挖。铲刀刀体较薄，其刃口较宽，能够大面积切挖，借助外力能深入材料内部，且具有平整的切口轮廓和表面。铲刀常用于大块切挖块材，靠手部对其施力时同样需多次瞬间发力。当块材密度或硬度较高时，铲刀需借助锤击来加强切削力，由于刀体较薄，锤击时要稳定控制铲刀刀体及锤击方向，需垂直锤击刀柄中部以防刀身变形。铲刀和木凿结构类似，手持铲刀时刀体同样易于贴合材料表面，经手部的瞬间施力和适度扶挡，能够较好地控制刀头的运动趋势，可用于曲面局部截面的切削成型，但由于刀体较薄，易变形，单次切削量较大时难以准确控制刀头方向，将影响曲面截面的成型精度，宜采用少量多次的切削方式。

6）锯条

锯条用于切割不可塑块材，可分为细齿和粗齿，或窄片和宽片。粗齿宽片用于大块切除材料余量，锯条较宽不易变形，易于获得较平整的大切面。粗齿宽片不适合切割聚苯乙烯泡沫，容易刮蹭泡沫颗粒并将之剥离，从而造成切面缺陷。当细齿窄片用于修缮粗齿宽片所制形态雏形时，可加工出更准确的造型细节，其切面平整细腻，具有较好的切面质量。细齿窄片截断后可作为刮刀使用，除能用于刮削 PU 泡沫和油泥之外，也可用于刮削经高温固化的

软陶、干燥后的纸黏土、固化的石膏和代木等较硬材料，是用途较广的切削工具。锯条用于刮削曲面时需贴合材料表面，应施力使锯条弯曲并交叉刮削，以使曲面获得较强的曲率连续性。

7）刮刀

刮刀用于刮削材料以找平表面，同时达到精确塑型的效果。刮刀可分为平刃刮刀和齿刃刮刀，或直刃刮刀和弯刃刮刀。

① 平刃刮刀和齿刃刮刀

平刃刮刀刮削效率高，能够快速削除多余材料，常用于造型特征的探讨阶段。平刃刮刀刀刃平直光滑，且有尖角形小尺寸规格，尤其适合刮削平面造型和造型细部。

齿刃刮刀能在材料表面留下平行齿痕，易于从中观察形态各截面的形状及关系，多用于造型特征的表现阶段。齿刃刮刀留下的齿痕随运刀方向变化而具有不同的间隙和宽度，垂直于刀刃方向运刀，其齿痕间隙及宽度较大，用于产生较大切削量，反之则较小，更适合精细刮削。

② 直刃刮刀和弯刃刮刀

直刃刮刀适合刮削平面、正弧面和反弧单曲面。刮削平面和正弧面时，多为手肘发力带动刀具移动，拇指和食指分别接触并夹紧刀片两侧连杆，保持手腕适度紧张，刮削时应注重手指感受到的刀刃两侧阻力的平衡度和运刀路径的流畅度。刮削反弧单曲面时，如曲面较小则需手腕旋转运刀，反之宜手肘发力以稳定运刀路径。

弯刃刮刀适合刮削反弧面，有时也用来刮削高曲率的较大正弧面。弯刃刮刀与材料表面的夹角影响切削面的曲率，夹角绝对值越大，切削面的曲率也越大，夹角正负值的选择分别对应刮削反弧面和正弧面。弯刃刮刀运刀同样需尽量用手肘发力以保持运刀路径稳定，刮削较小反弧面时才适当转动手腕以吻合曲面的曲率表现要求。

8）刮片

刮片用于精修材料表面的曲率以表达精确的造型特征，可分为方形和卵形，或硬片和软片。

方形刮片适合刮削平面、正弧面和反弧单曲面；卵形刮片适合刮削反弧面，有时也被用来刮削较高曲率的正弧面。硬片能纠正较明显的曲率问题，其刮削余料较厚且易留下明显的刮削痕迹，常用于表面的前期精修；软片能处理具有微妙曲率变化的曲面，刮削面能获得较高精度，常用于表面的后期精修。

刮片需弯曲适当弧度以贴合曲面，弯曲较短刮片时，拇指和其他四指分别置于刮片两侧，四指张开均匀握持，使刮片刃口和刮削面保持曲率一致，刮削前先观察刃口和刮削面间的间隙，出现间隙的位置多为瑕疵部位，但需整体观察曲面并加以综合判断。刮片刮削时注意紧密贴合刮削面，先多次轻刮去除主要瑕疵，然后逐渐刮下更大薄片减轻瑕疵，直至刮削痕迹几乎布满刮削面为止。

9）砂磨机

砂磨机用于磨削材料表面以使之获得高平整度或光洁度，能够精调表面的曲率使之具有连续性。砂磨机靠机头的往复运动或旋转运动带动砂纸，可选用各种目数规格的砂纸，具有较高的磨削效率，多用于代木、固化的软陶或纸黏土等手工打磨低效的偏硬块材。在块材草模型制作中，砂磨机机头的垫板及黏附砂纸通常选用三角形规格，可利用尖角部位打磨造型细节和反弧面，其他部位则主要用于打磨较大正弧面或平面。

10）橡胶锤

橡胶锤用于敲击块材以使之紧密嵌合于构件，其锤头为软质橡胶材质，能减轻对被施力块材的外观破坏。由于锤头橡胶仍具有一定硬度，当敲击聚苯乙烯泡沫等软质块材时宜先用软布包裹锤头，然后少量多次将块材嵌入。

11）热熔胶枪

热熔胶枪能使热熔胶熔化并将其挤出，多用于黏结待组装构件。热熔胶胶质黏稠，需要一定剂量来保证黏结强度，故涂胶表面间需预留合理的熔胶间隙以使胶体足量，如胶体溢出可待其冷却后再用小刀去除。

3.4.2.4　选材及工具的使用原则

1. 选材原则

1）依技法熟练程度而定原则

为方便构思过程中探讨体块上型面的形状及其空间变化，模型块材需具有一定的变形、定型能力及可重复调整性。

模型常用可塑块材的变形能力及可重复调整性较强，可用于构思较复杂的曲面造型，但不同可塑性块材的定型能力存在差异，因此构思适用范围不同。油泥定型能力强，既可以快速构思结构、比例、姿态及轮廓，也可以精细构思型面、线型及图形等的造型特征，但构思薄片造型时受材料强度限制不易成型和重复调整，影响构思效率和质量。软陶定型能力偏弱，塑造悬空造型时容易垮塌，加之难以精确控制其形变，因此仅适合快速构思结构、比例、姿态及型面的大致造型特征。软陶经高温加热可硬化，硬化后的软陶可通过削除法塑型，可进一步精细构思型面、线型及图形等的造型特征。纸黏土定型能力适中，其构思适用范围与软陶一致，干燥前、后适合构思的形式要素互补。

模型常用不可塑块材的切削不可逆性，将限制造型的可重复调整幅度和范围，因而限制构思自由度，构思质量无法完全保证。构思线型、轮廓等形式要素时，由材料缺失造成的局部缺陷对构思自由度的限制较大，因此，不可塑块材更适合结构、比例、姿态、型面等受材料缺失干扰较弱的形式要素的快速构思。此外，多数不可塑块材变形和定型能力强，构思想法易于实现，虽然构思修正受材料限制，但只要构思和表现技法应用得当仍具有较高的效率和质量。

由上可知，可塑块材具有较全面的构思功能，使用可塑块材能同时保证较高的构思效率和质量，但多数情况下材料需预热、硬化或干燥处理，这些步骤将直接破坏构思过程思维的连续性。使用不可塑块材更易保证结构、比例、姿态和型面构思的效率和质量，构思其他形式要素时高度依赖草模型技法的熟练程度。因此，为获得理想的构思效率和质量，应视技法熟练程度选择合适块材制作模型。

2）首选油泥和 PU 硬质泡沫塑料原则

为方便记录创意内容或撤销不良记录，模型块材需具有模型结构支撑力、抗变形能力、清除便利性及添加便利性。模型常用块材虽然强度不同，能承受的外力大小有差异，但只要模型尺寸及构造合理，操作施力适中，就能支撑模型结构并保持模型既定形态，因此常用块材结构支撑力和抗变形能力不用作重要的选材标准。

常用块材清除均较为便利，但清除效率和精度不尽相同，分别有以下特点：聚苯乙烯泡沫塑料组织疏松且材质较软，具有较高的清除效率，但其颗粒易脱落，如用常规刀具清除则精度较低；PU 硬质泡沫塑料硬度适中、组织疏松度可选，清除高效且精度较高；代木硬度较高，如用手动工具清除则效率较低，但其组织细密，因而清除精度高；软陶组织细密，清除精度一般，其固化前、后硬度不同，清除效率有高低之分；纸黏土纤维较多，如在未干燥前清除，易产生毛边，清除精度一般，且其材质硬度因湿度而不同，清除效率有高低之分；石膏组织细密，清除精度较高，其固化前、后硬度不同，清除效率有高低之分；工业油泥软硬适中、组织细密，清除高效且精度高。由上可知，不可塑块材的清除效率和精度差异较大，只有 PU 硬质泡沫塑料在清除效率和精度上能取得平衡；除工业油泥外，多数可塑块材的清除效率受物理状态影响较大，但均能达到较高水平，且其清除精度普遍高于不可塑块材。

常用块材中添加较便利的材料普遍黏度较高或硬度较低，可塑块材和轻质不可塑块材具有先天优势。油泥的添加效率和精度高，与之相比石膏略低，软陶的添加效率高但精度一般，纸黏土与软陶一致。此外，PU 硬质泡沫塑料的添加效率和精度较高，聚苯乙烯泡沫塑料则精度一般。

综上所述，工业油泥具有显著优于其他材料的草模型表现功能，如对草模型表现效率和精度均有高要求时，应首选其作为块材草模型的制作材料，此外，如已熟练掌握削除法，制作全程无须添加材料且耗时要求较短时，制作块材草模型应首选 PU 硬质泡沫塑料。

3）依预期操作效率和难度而定原则

为方便测量和标记，块材需具备适宜的表面平整度。此外，使用削除法和添加法制作模型时，将分别涉及切挖、刮削和磨削，以及揉捏、贴敷和捏塑等操作，因此块材还需具备适宜的黏度、可塑性及硬度等特性。

模型常用可塑块材大多具备适宜操作的特性，但因材料的特性差异而具有不同的操作效率和难度。油泥各类特性表现均衡且优良，几乎所有常规操作可在其上顺利实施，只要技法得当即能快速获得预期效果，具有较高的操作效率；软陶黏度尚可但材质较软，切挖、刮削、贴敷及捏塑等操作虽能实施但易破坏已有造型，加大了精细操作的难度；纸黏土能实施各类常规操作，但其纤维较多使操作受阻，同样会加大操作难度；石膏存在固化时间，部分操作受时间限制需重复执行，操作耗时较长且效率较低。

模型常用不可塑块材不涉及揉捏、贴敷及捏塑等添加法制作模型的操作，只需适合切挖、刮削和磨削操作，操作难度主要取决于材料硬度。代木作为硬度明显较高的块材，多用于模型后期因需喷涂而对表面光洁度提出高要求的情形，否则应优先选择其他块材制作模型。此外，PU 硬质泡沫塑料与聚苯乙烯泡沫塑料相比，具有明显的切挖和刮削操作优势，其操作无须使用专业设备，精度也更易控制，因而操作难度较低。

综上所述，可塑块材的操作效率和难度表现具有明显差异，其中，油泥的操作效率高于石膏，两者的操作难度均低于软陶和纸黏土，纸黏土的难度略高。此外，不可塑块材只用削除法操作，操作效率往往优于可塑块材，其中，PU 硬质泡沫塑料具有适合操作的特性，代木无须复杂的表面处理操作，聚苯乙烯泡沫塑料仅在操作效率上优于代木。因此，若削除法制作模型的技法足够熟练，为了获得更高操作效率宜优先选择 PU 硬质泡沫塑料等不可塑材料，反之，为降低操作难度宜优先选择油泥等可塑材料。

2. 工具的使用原则

1）首选切挖工具原则

无论使用添加法还是削除法进行块材草模型制作，块材切削均是主要的操作内容。块材切削包括切挖、刮削和磨削，三种方式的切削效率依次降低，使用切挖操作制作模型雏形无疑是最高效的制作方式。切挖所得形态雏形用于确定造型特征，对最终形态的准确塑造具有举足轻重的作用，因此在块材草模型雏形制作所需各操作中具有重要地位。此外，切挖工具同样有可用于刮削的刃口，可作为简单刮削工具的替代品使用。综上所述，切挖的操作效率和重要性较高，其使用工具在切挖的同时能完成部分刮削操作，是块材草模型制作中具有主导性的切削方式，即使在进行添加法为主要技法的模型制作时仍是不可或缺的必要操作。因此，当模型制作过程中需要削除材料时，只要技法可行，宜优先选用切挖工具进行相应操作，以提高模型的制作效率并获得高质量的模型形态。

2）保证工具精度原则

块材草模型制作对操作精度有较高要求，制作中的刮削、磨削等操作由于涉及精细塑形，往往对操作精度的要求更高。各类操作所能达到的精度除受制作者的技法因素制约外，还和操作所用工具密切相关，使用低精度工具将使技法难以有效实施，导致操作效率低下、过程反复，甚至造型失败。因此，高精度工具是操作顺利实施的基本保障，块材草模型形态塑造精确性问题如非技法不足导致，则应多在制作工具精度上查找原因。

3）廉价工具替代原则

模型常用块材多数情况下硬度较低，只要针对块材的各类操作得当，就不会损伤昂贵的专业工具。常用块材中还包括代木、干燥纸黏土、固化软陶和石膏，这类较硬材料不适合专业工具的刮削操作，强行使用刮刀或刮片，会加快刀具磨损，甚至导致刀架脱落、刀刃变形等工具损毁问题。因此，当出现上述较硬块材的刮削需求时，务必以宽齿锯条、不锈钢片等廉价工具来替代专业工具操作，虽然它们的性能难以和专业工具媲美，但其刃口所具有的直线精度和弯曲平顺度，足以帮助制作者顺利完成刮削操作，不失为一种实用的工具替代方案。

3.4.3　块材草模型的制作内容与过程

1. 制作内容

1）构思与表现内容

块材草模型借助块材固有的块属性来构建形态，模型的制作始终围绕体块单元展开，制作直接构思和表现的对象包括各体块单元的型面、线型与相互关系，各对象的制作内容如下：

（1）体块单元的型面和线型

① 特征面

探讨特征面时，通过调整其轮廓和截面的线型来改变面的曲率、轴线及对应的明暗关系，从中观察面的弧度和加速度，探讨型面张力、光影图形、曲率连续性、明暗对比、虚实关系等形态美学评价因素，以及动感、速度感、目标感性及语义等形态意象和风格评价因素，另外还涉及特征面的主题性、典型性、适用性、统一性、完整性和戏剧性等有关造型主题表现的评价因素。

② 过渡面

制作过渡面时，通过调整过渡线和截面线来改变面的过渡位置和连续关系，观察面的弧度、加速度和衔接连续度，探讨型面张力、光影图形、曲率变化连续性等形态美学评价因素，以及目标感性及语义、造型语言契合度等与形态意象、风格及造型主题相关的评价因素。

③ 线型

制作线型时，需调整线的曲率和方向，从中观察线的弧度、加速度、流畅度和呼应度，同时改变各线间长度、曲率、间距的比例关系，衔接或过渡位置及连续关系，探讨线条张力、图形样式、虚实关系、曲率连续性、目标感性及语义、造型语言契合度等与形式美学、意象风格及造型主题相关的评价因素。

④ 图形

制作线条构成的图形时，改变图形轮廓的线型和组合状态，从中观察线条组合的图形简洁度、辨识度和呼应度，探讨图形比例、主题关联度、风格契合度等与形式美学、意象风格及造型主题相关的评价因素。

（2）体块单元间的关系

创建体块单元间的关系时，调整体块间的体量比例、空间关系、相交或过渡位置，从中观察体块的饱满度、加速度、平衡度和呼应度，探讨体量比例、姿态属性、体块张力等美学评价因素和其他意象风格、造型主题评价因素。

2）操作内容与技术要求

块材草模型制作包括材料标定、构件成型和组装三项内容，需完成构件的单独制作和整体组合。单独制作通常涉及估测、标记、切挖、刮削、磨削等操作步骤，使用添加法时还包括揉捏、贴敷、捏塑等，整体组合则涉及嵌合、黏结、插接等。各步骤对应的操作内容及技术要求如下：

（1）估测

估测是材料标定的首项步骤，材料标定是通过现场观测数据核定材料实际状态造型解析度（吻合目标造型的程度）的操作，估测为通过观测得到核定解析度所需数据估值的步骤。估测采用目测、图纸比对和工具测量等方式进行，主要估测对象包括材料体块的轮廓和截面形状、体量大小及比例关系。

① 目测

目测是最快速的估测方式，常用于估测简单造型，也是构思想法尚不明确时所使用的估测方式。目测通过观察获取材料造型特征，将之与头脑中的形象特征进行比对，得出两者造型特征的差异部位和差异度。单一视角目测易存在盲区，尤其在观察轮廓或截面时，仅从单一视角观察难以明确对象的空间位置及形状，因此目测必须采用多视角观察来综合得出结论。

② 图纸比对

图纸比对是高效的估测方式，适用于构思想法较明确并有图纸输出的制作阶段。图纸比对先比较图纸形象和材料造型得出两者的主要差异部位，然后对照图纸形象界定两者的差异度。图纸比对的对象遵循整体到局部再回归整体的顺序，体量及其比例优先比对，然后按轮廓和截面面积由大到小依次比对其形状，最后回归体量及其比例，确认轮廓和截面附着的体块单元及其具体位置，从而得出准确的比对结论。

③ 工具测量

工具测量是可靠的估测方式，使用自制模板或尺规进行测量，适用于工程图纸较齐备且形态创意已完全确定的制作阶段。模型制作初期的工具测量，只针对单构件的预制材料估测，从图纸反映的形状尺寸是估测所需的比对数据，对可提取的二维形状及其比例关系进行尺寸测量和数据比对，最终结论将反映材料体块的形状、体量及比例的差异度。

（2）标记

标记是材料标定的后续步骤，需将估测结论通过视觉形式反映于材料表面及其内部。理想的标记应制作方便，能够同时指示造型差异部位和差异度，且不易在后续操作中随材料形变而模糊。通常材料形变造成标记模糊的主要原因是，操作所致的材料增减使标记不可见或位置产生偏移。其中，标记不可见往往为标记处材料被剔除或被新材料覆盖所致，位置偏移则多为塑性块材贴敷时施力所致，由此可知，如多以削减法制作模型，并使用较深且宽的标记，势必将有效解决标记变模糊的问题。

① 不可塑块材的标记

标记不可塑块材前首先应确认材料足量，然后确定各造型差异部位的差异度，最后根据差异度选择不同长度的钻头，在这些部位垂直钻孔以完成标记。标记点的分布密度视模型尺寸和造型的曲率变化程度选择，尺寸较小的模型及曲率变化剧烈的部位应在单位面积上分布更多的标记点。

② 可塑块材的标记

可塑块材的材料量充足的部位也可用钻头标记，过程与上述叙述一致。当其局部材料量不足时，可新添材料来标记，同样先确定其差异度，然后在待标记点表面捏塑出柱台状造型，使其高度和差异度一致即可。

为使标记清晰可见，除使用钻头打孔外，还可在孔内灌入色粉，需选择和材料颜色对比较强的色粉颜色，先将模型标记孔口朝上放置，然后用细头毛笔醮上色粉伸入孔内，使色粉附着于孔壁及孔底即可。工业油泥多使用滑石粉对标记着色，不但具有较高的色彩对比度，而且不会降低油泥性能。

（3）切挖

切挖是快速改变块材形状的方式，属于形状的粗加工，需保留足够的材料余量供后续精加工。为提升切挖效率和质量，大块切挖宜分块操作，先将待切挖部位用刀具纵向切成若干段块，注意切段深度应小于前述标记的深度以防过量，然后横向运刀从周边向中部逐段完成切挖。切挖操作对模型表面的平整度要求不高，但材料余量的厚度应尽量一致，以提供后续操作所需较精确的形态雏形，余量厚度可通过标记的深度来大致判断。

（4）刮削

刮削分为粗刮和精刮，是剔除表层材料使模型表面平整的加工方式。

① 粗刮

粗刮仍需为精刮留有余量，在切挖所得形态雏形上用刮刀削除表层材料，平整表面的同时确定其造型特征，其中，曲面型特征的粗刮需明确曲面的曲率及其变化趋势，平面型特征的粗刮需明确平面的法向和位置。

② 精刮

精刮在粗刮的基础上继续找平表面，能更精确地表现造型特征，主要通过调整曲面的曲率连续度及平面的平整度来提高造型的表现精度。刮削应采用交叉方式平移刀具，可以使材料表面获得较高的平整度和曲率精度。

（5）磨削

磨削通常可分为粗磨和精磨，是使材料表面流畅平顺的加工方式。

① 粗磨

粗磨使用颗粒感较强的磨料，能将刮削所得表面的明显局部瑕疵快速去除，从而达到较好的视觉和触觉效果。

② 精磨

精磨使用颗粒感较弱的磨料，能将不明显瑕疵去除以使材料表面适合喷涂或覆膜。对于组织较疏松的块材而言，粗磨往往效果不佳，应直接采取精磨方式提升其表面质量。

（6）揉捏

揉捏对象为可塑块材，揉捏能使可塑块材获得便于后续操作的硬度，尤其是油泥这类回温较快的可塑块材，在贴敷前反复揉捏能延长其加热软化效果。揉捏的材料应适量，在满足用量充足的前提下，以单独手掌面能够完全包裹且施力较弱为宜。考虑到揉捏往往和其他塑型操作同步进行，为便于塑型需单手揉捏，腾出另一只手方便取材贴敷并塑型。

（7）贴敷

贴敷常用于补充可塑块材，从而使形态雏形具有足够的切削余量，其精细操作可直接用于修正造型。贴敷往往徒手即可完成，应视材料的用量选择手部的合适部位接触材料。用量较小时用食指轻压材料使之贴合，用量适中时使用拇指和食指交替推拉并适度按压，用量较大时使用手掌面推拉并按压。贴敷应保证材料层间不留空隙以防脱落，手部按压宜多次瞬间施力，从材料一侧逐渐推移至另一侧，以便顺利排出材料内部的空气并提高材料的黏结度。

（8）捏塑

捏塑用于快速获得突起于模型局部的体块造型，通过拇指和食指配合完成可塑块材的堆积。捏塑的表现精度较低，需通过后续操作帮助提升造型精度。捏塑通常先将材料搓成条状，然后放置于待造型部位，并在捏塑材料的同时向下按压以使之完全贴合造型表面。为使新添材料能够有力附着，造型表面宜为粗糙状态，可用工具先刮花平整表面再实施操作。捏塑能通过手指的精细操作修正造型精度，但高精度造型仍需其他塑型操作才能完成。捏塑往往和贴敷配合进行，贴敷材料作为中间层能使捏塑材料获得更强的贴合力，且贴敷和捏塑均可精细操作，配合进行能提高精细操作的效率。

（9）嵌合

嵌合用于补充不可塑块材的切削用量，其主要目的是缓解块材切削不可逆的问题。嵌合使用相同材料填补构件的缺陷部位，经切削塑型后其接缝几乎不可见，也不会出现因材料特性差异带来的表面平整度和曲率连续度等方面的问题，是不可塑块材的理想补量和连接方式。嵌合用于构件修复时，首先视构件缺陷状况切挖出合适大小的坑洞，然后加工出与坑洞形状一致的填料并将之敲击嵌入，最后去除填料裸露在外的多余材料。为保证修复效率和质量，所挖坑洞的深度和面积成正比，其轮廓可设为测量方便的方形，填料的体积和投影面积应略大于坑洞，且造型为易于嵌入的锥体。

（10）黏结

黏结主要用于不可塑块材构件的连接，涂敷的黏结剂固化后的硬度应低于块材，以免后续对模型形态的修正出现胶体高出构件表面、难以清理等问题。黏结前应检查构件成型效果，尤其是其连接面的形状和位置的准确性，经试装确认无误后方能施胶，施胶的重点部位为连接面中部，周边施胶宜少以免溢出造成构件外观的破坏。黏结宜使用快干型胶质，施胶后应准确定位构件，确认后还要保持其位置固定，必要时可用大头针、胶带等辅助，待胶体完全固化后再拆除。

（11）插接

插接同样具有构件连接功能，与嵌合操作类似也需注意坑洞和填料的造型。体量较大构件的连接可采用与嵌合相同的操作方式，在待连接构件上分别切挖坑洞，然后单独制作连接件并使其两侧分别嵌入坑洞；较小构件则需在成型时预留材料，用于加工插接用造型，最后将之嵌入大体量构件坑洞。

2. 制作过程

块材草模型制作一般遵循以下顺序：体块→型面→线型（包括图形）。

1）体块

体块可由型面的轮廓及截面搭建，也可完全由线型的轮廓搭建，因此体块具有指示型面、线型空间搭建范围的功能，用它可定义形态的结构、整体比例、姿态倾向和大致轮廓特征。

2）型面

型面交线的造型即是线型，型面特征间的属性关系决定线型的特征属性。型面可分为特征面和过渡面，两者为比例、姿态和轮廓等形式要素提供的定义功能存在差异。

（1）特征面

主要特征面为造型辨识度及贡献度较强的特征面，反之则为次要特征面，前者定义形态的整体比例、姿态和关键轮廓特征，后者则定义更全面的比例和轮廓特征，并强化形态的姿态属性。

（2）过渡面

过渡面是用于衔接各面以使之达到曲率连续性要求的曲面，可定义更全面、精确的型面关系，还可改善轮廓及其特征并强化形态的姿态。

3）线型（包括图形）

线型按其归属型面的类型可分为特征线和过渡线，按其在型面中所处的部位可分为轮廓线和截面线。图形按其构成线条的属性可分为线构图形和反射图形，前者由特征线和轮廓线构成，后者主要由反射线构成。

（1）特征线和过渡线

特征线指示各面的相交位置，因其造型辨识度及主题贡献度不同而有主次之分。主要特征线是其中辨识度及贡献度较强的部分，用它可定义出局部比例、姿态属性和线型风格。次要特征线是造型辨识度及主题贡献度较弱的特征线，用它可细化或强化比例、姿态和线型风格。

过渡线为处于过渡位置的混接曲面上的构造线，对于形状转角的表现有帮助。用过渡线可表现型面细部的特征，其表现有助于持续优化形态。

（2）轮廓线和截面线

轮廓线包括内轮廓线和外轮廓线。外轮廓线指示整体体块的边界形状，用它可定义出整体比例、姿态倾向和轮廓特征。内轮廓线指示体块单元的边界形状，也是型面间的理论相交线，用它可细化或强化比例、姿态和线型风格。

截面线包括整体、局部和中间截面线。整体截面线是能反映整体体块正投影截面的轮廓线，用它可定义局部比例、姿态属性和线型风格。局部截面线是形态局部体块中能反映其正投影截面的轮廓线，用它可细化或强化比例、姿态和线型风格。中间截面线为整体、局部截面线之间截面上的轮廓线，用它可表现型面细部的特征，其表现有助于持续优化形态。

（3）线构图形和反射图形

线构图形是由特征线和轮廓线构成的图形，分为封闭和半封闭图形，用它可定义局部比例、姿态属性、线型风格和型面组合的轮廓特征。

反射图形主要由反射线构成，反射线为型面明暗色块的轮廓线，指示型面的轴线形状和方向，反射图形除此之外还指示各型面的曲率对比关系，用它可细化或强化比例和姿态，同时有助于定义更精确的型面特征。

3.4.4　块材草模型的制作要求及技法

3.4.4.1　块材草模型的制作重点及要求

1. 构思和表现

块材草模型制作应能及时将形态轮廓、比例、姿态等构思内容表现于模型，从而有利于设计者跟踪评价并不断修正构思路径。块材草模型应侧重于表现形态的体块结构及比例、姿态属性，以及轮廓、型面和线型（包括图形）三者的特征，对形态轮廓、型面和线型（包括图形）三者曲率连续性的表现精度要求较低，这样才能高效地捕捉创意灵感并体现构思意图，从而加速构思过程并最终提升构思质量。

2. 评价

块材草模型可视为块材制作的创意构思模型，需视其介入构思的不同阶段，选择性地沿用构思草模型的评价标准及要求。

3.4.4.2　块材草模型的技法

1. 技法类型

块材草模型的制作技法主要包括材料标定技法、构件成型技法及构件组装技法。材料标定技法应用于材料和目标造型间差异度的测量与标记；构件成型技法应用于构件造型的塑造；构件组装技法应用于构件和连接件的组合体的制作。

2. 常用制作技法

块材草模型的常用制作技法如下：

1）材料标定技法

（1）估测技法

估测是通过观测得到核定造型解析度所需数据估值的过程，其对象包括材料体块的轮廓和截面形状、体量大小及比例关系等。截面形状是易于量化和观测的对象，由它能反映其他对象所处状态，因而是估测的关键对象。

① 目测

用目测方式估测截面形状时，使用能投射直线的激光笔在材料表面扫掠，投射图形即为易于观测的截面形状。激光笔扫掠应从多个方向完整获取关键的截面数据，观察视角垂直于截面时利于精确判断其截面形状的目标差异度。

② 图纸比对

用图纸比对方式估测截面形状时，主要选取体块及其单元不同方向的最大投影截面和重要特征部位截面进行观测。为提高图纸比对的效率，可选择截面线上的若干关键点（通常位于曲率较大位置）进行比对。比对线上点时，首先选取其中坐标位置相对明确的若干点（通常为离坐标网格较近的点），然后借助激光笔投射材料表面，依次完成与图纸内容的比对，由比对结果可推理出其他点的目标差异度。

③ 工具测量

用工具测量方式估测截面形状时，与图纸比对方式所用技法一致，同样需选择关键截面及关键点进行估测，运用自制模板并借助激光笔的投射来确定截面形状的目标差异度。由于自制模板等工具能够实际量化差异度，在使用中将形成明确的尺寸约束来限定模型材料，因此工具测量除用于估测阶段外还被应用于后续成型等精度要求更高的阶段。

（2）标记技法

① 关键点标记

由观测确定的目标差异度，将之标记于材料的简易技法是关键点标记技法。关键点标记的内容是目标截面线上若干点的具体坐标，实际可用数字标记和深度标记两种形式。数字标记为在材料表面记录其三维坐标值，所做标记易被后续操作破坏，故适合暂时记录估测所需推理参考数据。深度标记为直接去除多余材料或补充不足材料，在材料表面打孔或捏塑柱台，孔底和柱顶即为目标坐标所处位置，形成后续操作的直观参照。关键点标记的一般流程详见之前章节，除钻头外还可直接使用高度尺标记，此时应将模型可靠固定于带刻度的工作台面上。

② 形状标记

关键点标记的采样点数量较有限，无法全面体现截面线的目标差异度，在线型较微妙时尤为明显。形状标记将线上点连续采样，可以弥补关键点标记的不足，但必须结合高效的估测方式才能提高采样效率，故使用高度尺等工具逐点测量的方法无法适用。形状标记多反映目测或图纸比对的观测结论，材料量不足时在材料表面捏塑出目标截面线即可完成标记，材料有余量时大多难以在材料内部标记，因此需要一种在材料表面有效标记形状的方式。

在材料表面标记形状时需考虑后续操作对标记的潜在破坏问题，同时要能利用图纸等提供的目标截面线作为精确的比对依据。如图纸呈现形态透视图，在对模型截面形状与图纸所记录的目标截面形状进行比对时，需要考虑透视因素，比对时务必保持与透视图相同的视角。在材料表面标记形状时，首先依据图纸确定待标记截面的坐标位置，然后选定与图纸一致的模型观察视角，用笔或刀等工具在材料表面标记目标截面形状，最后将薄钢片或刀片切入各截面至一定深度（略高于目标形状的深度估值），以备后续切挖。

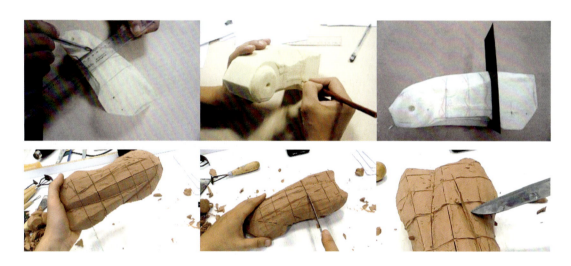

上述形状标记的科学依据是空间曲线的投影生成原理，即特定空间曲线由不同方向的两根投影线即可确定。由此可断出，当截面线处于特定平面时，如确定其在某视角投影方向的线型，那么目标截面线的形状即处于唯一位置，换言之，将标记的线型顺视线方向投影，在截面上的投影线即为目标截面形状。因此用上述技法标记的形状能有效提示目标造型，这类形状虽然标记于材料表面，但通过顺视线方向沿标记切挖材料，可方便地将标记转移到目标截面上，与深孔点标记类似，具有不易因后续操作而破坏的优点。

2）构件成型技法

（1）切挖技法

为提高成型效率，切挖块材时，切挖量通常由大到小，直至接近所标记的目标截面形状。切挖精度除受目标截面的形状精度影响外还和截面采样数量有关，一味地增加采样量对精度的提升效果有限，并且会大大降低模型的制作效率，因此切挖过程中设计者通常依据有限标记先切挖出已知目标截面形状，然后借助逻辑推理完成中间截面形状的切挖，最终生成造型特征较明确的形态雏形。

① 无标记切挖

无标记切挖是制作者通过目测方式对比模型形态和头脑中的构思形象后，在不做任何标记的情况下所进行的尝试性切挖。无标记切挖适用于可塑性块材，其切挖精度通常要求较低，切挖时常使用直柄刀、铲刀或木凿，顺目标面连续改变工具刃口的朝向，以实现流畅、准确的切挖。

　　② 关键点标记切挖

　　关键点标记提供的目标截面形状信息有限，依据这类标记切挖需视材料可塑性选择不同的切挖策略。切挖时应先判断相邻关键点间的曲面类型，如为正弧面则找出关键点位置的相切平面，然后使用刀具平行于该平面先后切挖出大、小体块，如为反弧面则需沿相邻点连线切挖。上述操作所得形态雏形由于面数过少暂时无法体现曲面特征，需通过继续切挖来细化曲面造型特征。对于正弧面而言，通常新添面的截面线段长度介于两侧面的截面线段长度之间，面间夹角关系设置为与两侧面截面线段长度关系成正比。

　　对于反弧面而言，新添面的截面线段长度和夹角的要求与上述一致。

③ 形状标记切挖

形状标记为并排的成组线条，线条间距多由采样截面的密度决定，密度较高时如切挖顺序不合理，则极易破坏标记。如从近向远依次切挖各采样截面，近端截面的材料消耗将造成其上形状标记的破坏，其中可能包括相邻的更远截面的形状标记，反之则截然不同，因此应从远向近依次切挖形状标记。切挖所得形态雏形呈阶梯状，阶梯凹陷处即为较明确的若干采样截面形状，其他截面尚处于阶梯内部有待继续切挖。这些截面的切挖仍应根据类似关键点标记的切挖要求执行，即考虑曲面类型并据此选取相切平面或关键点连线进行切挖，如为可塑块材时以上要求可适当放松，但需考虑后续材料补充是否存在操作不便等问题。

形状标记具有连续的轮廓线供切挖，刀具需朝特定的视线方向顺连续的轮廓线进行切挖，轮廓线上各点切挖的方向一致性和流畅度将影响目标截面线的制作精度。为提高制作精度，可在工作台上安装带夹角的靠尺，然后分别将模型和刀具放置于靠尺两侧，使刀具沿靠尺平移时其刀刃切挖角度与估测视角一致，确定刀刃落点正确后即可推移刀具直至到达目标截面。上述技法如要加工完整的截面线则必须改变模型或刀具的高度，此时使用薄板逐层垫高模型或刀具，或将刀具安装于高度可调的装置上方可实现。

上述技法涉及自制工具，自制工具的设计与制作耗时耗力且难以保证其性能，因此对切挖精度要求不高的情形，建议直接使用刀具顺估测视角进行切挖，切挖过程中使用单眼更易观察和评价。此外，形状标记的轮廓线具有连续性，不可塑块材的连续切挖可用手持电磨机，握持时应始终保持磨头轴线平行于估测视角，少量多次不断逼近标记进行磨削，直至到达标记与目标截面位置。

（2）贴敷与捏塑技法

贴敷与捏塑技法是添加法制作块材草模型的核心技法，贴敷与捏塑操作能高度自由地构思和表现形态创意，是有别于削减法制作相关操作的显著优势，可应用于创意模型制作的所有阶段。贴敷与捏塑技法的应用旨在创建较概略的形态雏形，该雏形能反映全面且明确的造型特征，虽然表面精度较低但能提供后续成型所需的造型基准。

贴敷与捏塑的直接制作对象是形态的造型特征，如何通过徒手方式快速生成特征是技法待解决的重点问题。技法应用对象还涉及特征所依附的形式要素，需同步解决结构、比例、轮廓、姿态、型面及图形等的构思和表现问题，它们构成技法解决的核心问题。为从形态整体约束造型特征，贴敷与捏塑操作同样遵循从体块到型面再到线型的制作顺序。

① 体块贴敷

体块贴敷用于塑造体块单元和单元空间关系，通过制作来明确两者的特征属性，直至能够评价形态的结构、整体比例、姿态倾向和大致轮廓特征。

体块贴敷的目标是快速形成有结构清晰、整体比例恰当、姿态倾向明确、轮廓特征显著的形态雏形，体量布局的合理设计是达成该目标的关键因素。用贴敷操作来设计体量布局涉及整体材料量预估、基底成型、局部材料量修正、体块特征生成等环节。首先根据模型待加工尺寸确定所需大致材料量，分析目标形态的主要体块构成单元和体量比例，然后用双手掌整体揉捏、扭曲来改变材料量的总体布局，再用手指局部推拉、压捏材料来改变材料量的局部配置，使所得雏形能大致反映体块的形状属性和比例特征，从而完成基底的成型。前述基底成型始终在特定材料量下操作，为形成更具体的体块单元特征还需修正局部材料量，首先需对比雏形和目标形态的局部体量差异，然后根据对比结论选择添加材料量，分别用手掌或手指贴敷并捏塑出大、小体块的特征，操作时注意从重要体块单元的主要特征入手，先处理其关键截面线和轮廓线的形状属性并补全线间空缺的体量，然后选择次要特征操作并同样完成体量的修正，最后处理次要体块单元直至完成单元形状属性和单元空间关系的定义。

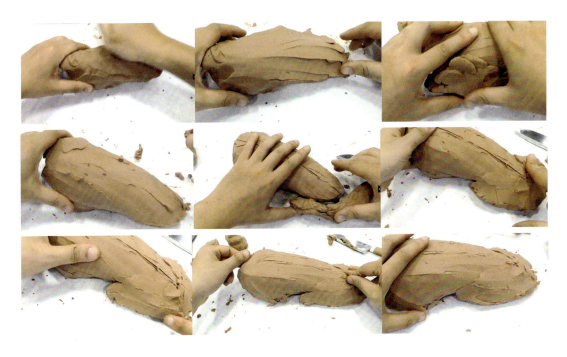

② 型面贴敷

型面贴敷用于塑造特征面和过渡面，通过其轮廓线和截面线明确型面的特征属性，直至能够评价姿态属性、型面关系和关键轮廓特征，也包括由轮廓线和截面线体现的局部比例和线型风格的评价。

型面贴敷的目标是快速形成有平衡姿态属性、优美型面关系、独特轮廓特征、和谐局部比例、明确线型风格的形态雏形，型面截面线的合理设计是达成该目标的关键因素。贴敷型面时，应先确认前述体块雏形的体量设计无误，然后以不同体块单元为对象，在其体量基本保持恒定的基础上进行局部体量细节修正，换言之，型面塑造所添材料量大多来源于同一体块单元的其他部位，型面塑造应保持体块单元的原始体量感，从而保证体块雏形定义的关键形式要素得以延续。

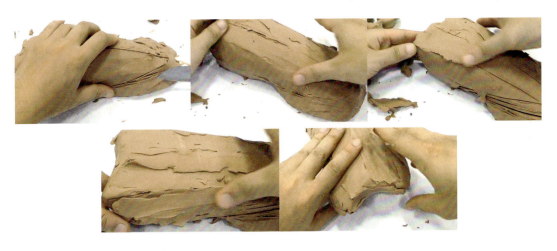

型面贴敷时材料应尽可能保持较高黏度和塑性，同时具备较低硬度。贴敷时的取料量稍

多于添加量，用手指或手掌推出条状且具有适宜厚度的宽面，推移材料时手腕和手指保持适度紧张，由肘部施力带动手部流畅划过材料表面，使材料贴敷于雏形的同时留下手部完整、清晰的移动轨迹，该手部轨迹将决定材料表面的曲率流畅度。贴敷时应从不同方向分层贴敷，这样做不但能有效排挤出层间气泡以提高附着力，还能多向综合修正曲面的曲率。

除掌握正确的操作姿势并对材料合理分层外，贴敷时还要考虑型面的原始状态和目标状态，应用合适技法快速实现向目标状态的转变。此外，贴敷需在满足型面创意表现要求的同时兼顾其构思要求，形成既能快速表现又能激发构思的型面贴敷形式。

为使贴敷操作尽量少受雏形物理干涉而影响流畅度，先通过手部运动路径的起伏来初步判断体块雏形型面的原始状态，然后根据判断取足量软质材料快速掠过高点，此时注意用手指感受材料硬度以判断高点位置，得出避开高点的合理贴敷路径。确定路径后应使手部运动尽量与之贴合，通过快速多次推移材料使路径流畅并得到不断修正，同时避免过度下压导致路径偏离或受干涉。为在提高贴敷材料表面质量的同时能准确表现目标型面，应顺目标面的法向变化适度改变手部运动的方向和速度，从而避免手部接触位置改变而造成的材料表面质量和型面表现精度问题。

为形成既能快速表现又能激发构思的型面贴敷形式，可将型面反射图形的轮廓设为贴敷路径，由不同反射图形轮廓的叠加及组合来表现型面构思。反射图形是型面构思和评价的要素，也是型面造型特征的推理依据，能用作型面构思的表现。反射图形作为跨越多个维度方向的多变封闭形状，与明暗关系、轮廓及截面形状等型面形式要素的模型表现相比，具有更自由的构造方式、更便捷的组合形式、更丰富的视觉效果。以反射图形为直接表现对象的型面贴敷形式，无疑是全面、精确、快速的型面表现形式，其技法构成了型面贴敷技法的重要内容。

③线型捏塑

线型捏塑用于塑造主要特征线和过渡线，也包括线构图形和反射图形，通过线的关键点明确线型和图形的特征属性，直至能够评价局部比例、线型风格和型面组合的轮廓特征，也包括由反射图形反映的型面造型特征的评价。

线型捏塑的目标是快速形成有优美局部比例、可辨识线型风格、典型轮廓特征（匹配造型主题）、精确型面特征的形态雏形，线型上关键点的合理设计是达成该目标的关键因素。线型捏塑前需先设置关键点，所选点应在弯曲和塑造曲线上发挥重要作用，当点仅维持而不影响曲线形状时应予以删除，当点处于非常极限的位置时则需考虑增加其数量。设置好关键点后即可进入线型捏塑阶段，捏塑时可分段在相邻点间进行，应注意避免破坏关键点标记，捏塑材料的高度可略高于目标线型的高度，完成分段捏塑后用手指快速掠过完整线型使之平顺即可。

（3）刮削技法

刮削在切挖或贴敷所得形态雏形的基础上，通过剔除表层材料使雏形表面平整，从而达到进一步精细塑造并完善其造型特征的目的。刮削按加工精度可分为粗刮和精刮，两者的操作内容、过程、效果、目标及要求均存在差异，因此所对应的刮削技法各具特色。

① 粗刮技法

粗刮多使用刮刀和硬质刮片配合操作。粗刮多用于定义型面造型特征的属性，使之清晰无歧义。粗刮需根据形态雏形提供的造型特征线索，大致确定型面各处的曲率，使型面各处的感知曲率接近目标值并保证曲率具有连续性。粗刮允许表面在整体趋于平整的条件下存在局部瑕疵，因此刀具划痕等难以避免的缺陷可适当忽略。粗刮需保证刮削表面的曲率连续，对曲率变化的连续性的要求较低，因此充分认识和利用刀具加工特性，选用和型面造型特征及尺寸相匹配的刀具，把握宁大勿小的选用原则，以曲率连续为刮削目标才能更高效地完成粗刮。

粗刮的技法包括表面找平技法和曲率连续技法，前者用于改变形态雏形的表面平整度，后者用于使雏形各型面获得连续曲率。

表面找平使用刀具交叉刮削，先垂直刀刃运刀，然后逐渐减小运刀路径和刀刃的夹角，以快速去除型面表面鼓包瑕疵并逐步减轻刀具划痕。表面找平优先处理较大特征面和操作不受限制的型面，保证这类型面塑造的完整性和准确性。当这类面与其他面存在反弧过渡面时，其型面塑造难以完整和准确，此时需适当破坏过渡面以便加工，待完成型面塑造后再添加材料供过渡面加工，但此技法多用于可塑块材所制模型。如模型为油泥制作，其表面可通过烘枪加热软化，此时较大表面的找平效率更高。

　　完成表面找平后即进入曲率连续性生成阶段，通常选择硬质刮片加工表面，刮削前应弯曲刮片使刀刃贴合型面，并注意观察刀口与型面表面的间隙宽度，运刀时避免在盈余较多位置未清除前接触到宽间隙处的表面，为此要时刻关注刮痕变化并固定刮片形状和运刀路径。刮削时优先处理型面的较长截面线，可将刀刃平行于型面轴线放置，然后选择交叉路径平移刀具执行刮削，由刀刃轮廓决定轴线方向上截面线的形状，使其获得较高的曲率连续性，完成后再将刀刃垂直于型面轴线放置并同理刮削其他方向截面。过渡面的曲率连续性较难控制，除保证自身曲率连续外还要能和与之衔接的特征面形成曲率连续关系。此时通常先处理衔接处，使用卵形刮片贴合特征面向过渡面推移，以保证衔接处的曲率连续，然后于过渡面中部交叉刮削用于消除瑕疵使过渡面的曲率连续。

② 精刮技法

　　精刮多使用软质刮片操作。精刮用于定义型面造型特征的属性值，使之全面、准确。精刮在粗刮所得形态雏形基础上进行微调，优化明暗关系及反射图形等型面设计要素，使型面各处曲率达到目标值，保证其曲率的变化具有连续性。精刮需尽可能避免刀具划痕等明显缺陷，保证刮削表面的曲率变化值为连续关系，因此选用和型面造型特征及尺寸相匹配的刮片尤为重要。通常遵循以下选用原则：方形刮片适用于正弧面和较大反弧单曲面的精刮，卵形刮片适用于反弧面和较高曲率正弧面的精刮；所选刮片大小应与型面尺寸成正比，从而保证刮削具有更高的效率和质量；选用低硬度刮片以避免产生多余划痕，型面尺寸较小时应选用更软刮片，从而保证手持刮片时其参与刮削的刀口形状具有更高的稳定性。

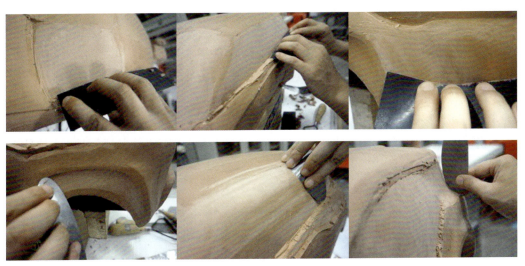

精刮的技法包括曲率修正技法和曲率变化连续技法，前者用于修正形态雏形型面局部的曲率，后者用于使雏形各型面获得连续曲率变化。

曲率修正时，首先明确曲率修正部位，曲率微调将大幅度改变型面的反射图形，因此通过反射图形能快速判断微调部位。与型面贴敷技法所应用原理类似，可通过在型面表面勾画反射图形来加以判断，当图形出现非正常扭曲时即可推断型面曲率的调整方向。确定修正部位后还可在型面表面标记各向关键截面线，依据明暗关系及反射图形调整要求确定截面线的修正幅度，从幅度较大截面线所处部位向两侧刮削过渡，最终在完成所有关键截面线调整的同时修正型面曲率。曲率修正时的精刮同样采取交叉刮削方式，每次刮削需完整覆盖型面修正部位，保持切削所得余料中部略厚，从而维持型面的曲率连续性。

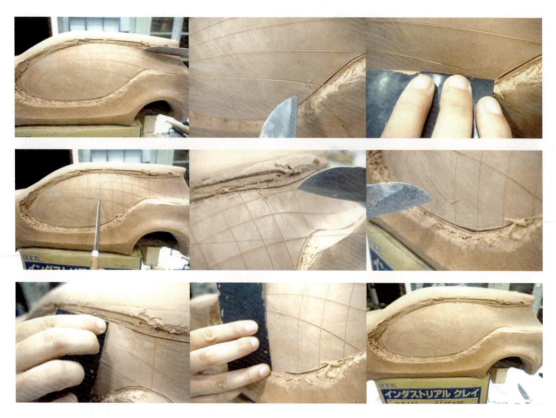

完成曲率修正后即进入曲率变化连续性生成阶段，此时的型面曲率已具有较高的连续性，但由于曲率修正的操作未能覆盖整体型面，其曲率变化的连续性仍具有较大的提升空间。此时应用较大软刮片对整体型面进行交叉刮削，如刮片刮削时因受阻而改变形状，则应调整手指握持部位及方向，使刮片形状较固定以提高刮削稳定性。刮削时需留意刮削余量的状态变化，有效刮削时余量在刮片刃口的分布将随进度变化而趋于均匀，反之则可能出现刀刃不贴合或运刀不畅等问题，应予以及时更正。型面受加工材料的质感限制，其表面无法形成能评价其曲率变化连续性的反射图形，而通过表面贴覆高光反射膜来评价又将消耗额外操作时间，因此，为提高刮削效率和质量，刮削时往往通过刮痕大致推断曲率变化连续性，当刮痕布满型面时再贴敷反射膜来验证。有曲率变化连续性的型面，其反射图形往往高度流畅，图形轮廓本身也有曲率连续性，如型面达到此标准则无须继续精刮。

　　反射图形常见缺陷主要包括扭曲、倾斜、宽窄过度等类型，理解图形对应的型面特征是修正图形缺陷的必要准备。图形出现扭曲时，意味着扭曲部位存在轻微鼓包或凹陷，需再次精刮直至完全将其去除。

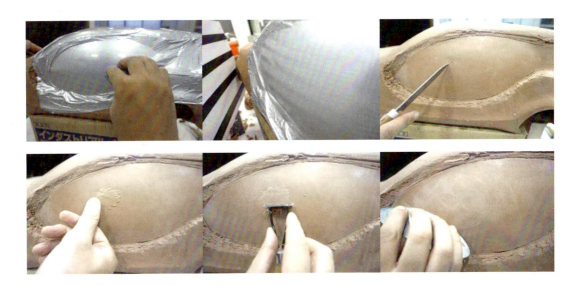

　　图形出现倾斜时，意味着倾斜部位的型面轴线偏离正确方向，首先需在轴线两侧分别添加和削除材料以修正轴线方向，然后再对变更处型面精刮，使之向周边型面流畅过渡。

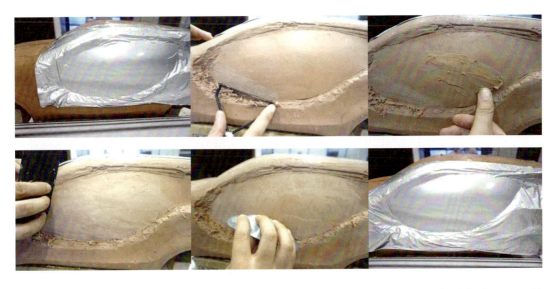

　　图形出现宽窄过度时，意味着宽窄过度部位的曲率过低或过高，需判断该部位和型面其

他部位的现存过渡关系，由此决定型面的材料增减部位，待增减完成后再次精刮，直至反射图形完全修正。

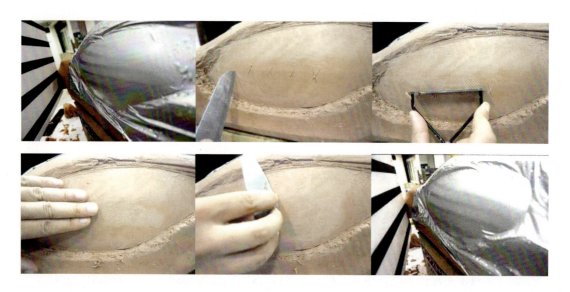

（4）磨削技法

磨削通常针对不可塑块材草模型进行操作，有时也包括经表面硬化或涂装处理的可塑块材草模型。多数不可塑块材草模型型面通过精刮已具备相当的平整度或光洁度，此时再进行磨削对型面质量的提升作用非常有限。由于多数不可塑块材的磨削效果与刮削类似，因而磨削常用于替代刮削，精刮难度较高时尤为多见。磨削尤其适合代木这类较硬质块材的模型型面处理，这类模型表面过硬，因而难以用刀具手工刮削，勉强刮削也极易造成刀具损坏，因此造价昂贵的专业刮片和刮刀严禁在此类模型上使用。磨削此类模型应先用钢锯条粗刮，待刮痕布满模型表面后再用砂布打磨去除。

磨削分为粗磨和精磨，两者分别与粗刮和精刮的目标保持一致。粗磨时选择目数较低的粗砂布，且需将之贴附于平面垫板以固定砂布形状；精磨时选择细砂纸，垫板宜薄且具有较强弹性，如此才更易贴合待打磨型面。垫板通常为木块、泡沫块、木片或金属片，具有高平整度的平面，其中，木块形状固定多用于粗磨，木片或金属片具有更强弹性多用于精磨，泡沫块具有较好的表面弹性且形状较固定，可用于粗磨后期和精磨。

磨削技法与刮削技法的原理类似，粗磨时通过手部控制磨削路径来满足型面曲率塑造要求，精磨时将垫板弯曲后贴合待打磨型面，垫板富有张力的曲面将使型面逐渐与之契合，从而获得曲率连续性，此外垫板的高弹性将快速响应型面的曲率变化，磨削路径较自由、流畅、稳定，磨削深度更易控制，使打磨面最终具备高平整度。

① 粗磨技法

粗磨时多采用交叉磨削路径，需留意磨痕的状态变化，实时调整磨削施力、方向及次数，使磨痕趋于均匀分布。通常较大型面瑕疵更多，为找平其表面，磨削施力较大且次数较多，操作不慎易在小面留下瑕疵，因此为避免重复磨削，应按先大后小的顺序依次处理型面。粗磨前需通过观察和触摸确定有明显鼓包瑕疵的部位，磨削时应优先处理这些部位，防止鼓包干扰正确的磨削路径，造成其他部位的过度磨削。

磨痕布满模型表面后，型面的造型特征将更加全面和准确，且具有较高的表面平整度，此时需继续磨削才能使型面曲率具备连续性。此阶段应更换面积稍大且表面有弹性的垫板并整体打磨各型面，通过垫板表面的曲率修正型面曲率。此时需注意调整磨块在磨削路径上的运动加速度和倾角变化，使两者吻合目标型面的曲率特征，通常运动加速度和倾角变化幅度与型面曲率值正相关。此外，手部握持磨块需保持一定的紧张度，使磨块稳定贴合型面并快速滑动，最终使型面逐渐达到曲率连续。型面边界部位往往缺乏磨块支撑力，造成磨削路径不完整，此时需通过加大手部动作幅度来延伸磨削路径。邻近型面边界时对磨块的下压施力要减弱，避免磨削力突变过大造成磨削路径的偏离。

② 精磨技法

精磨首先需修正型面的局部曲率，以使型面的特征属性值趋于准确。精磨磨痕将指示型面的高光反射图形样式，因此需有意识地实时调整磨痕形状，以表达符合目标型面造型特征要求的反射图形。对于多数块材草模型而言，其表面精磨痕迹不够明显，可薄喷色漆在材料表面形成高对比度的反射图形指示层。经反射图形调整的型面造型特征将更加准确，型面曲率将在维持粗磨所得连续性的同时得到修正。精磨时磨痕应完全覆盖待修正部位，可加入环形磨削路径，以提升磨削效率并减轻对其他部位产生的磨痕和损伤。采用环形磨削时应从中心向周边推进，推进时磨削施力逐渐变弱，直至磨痕略微超出型面修正范围。

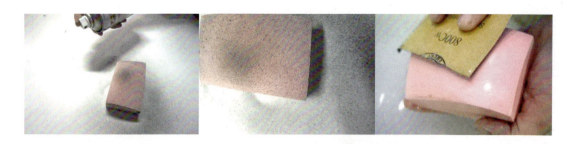

待磨痕完全覆盖待修正部位后，再次整体薄喷色漆形成指示层，然后精磨局部来修正磨痕形状，使之对应的反射图形再次优化，所得型面更具流畅性和张力，最后更换稍大高弹软垫板实施整体精磨，消除局部精磨磨痕及缺陷，使各面最终具备曲率变化的连续性。

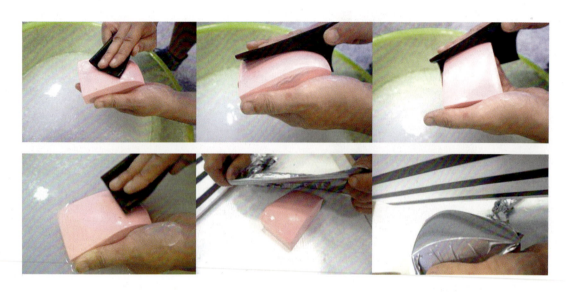

3）构件组装技法

组装涉及构件定位、连接与固定等问题，块材草模型的组装技法主要包括构件定位、嵌合结构制作及构件插接。

（1）构件定位

构件定位在构件成型时即可同步进行，由成型过程形成的构件空间关系来辅助构件定位。成型时构件保持组合状态，待造型特征完成大致塑造并通过构思评价后，再拆解为多个单独构件。此时遗留的拆解部位将具有定位功能，能有效避免单独制作构件时存在的定位精度、型面间隙和造型干涉等问题。

当构件为单独制作而成时，其定位障碍主要为造型干涉。为提高定位效率，需准确找到干涉位置并快速去除干涉。如构件为可塑块材制作，可在定位时适度施力挤压构件，由构件接触面的形变来判断干涉部位和程度，然后根据判断削除适量材料以去除干涉。当构件为油泥制作时，可先局部加热软化材料后再挤压，仅靠油泥塑性即可快速去除干涉。

如构件为不可塑块材制作，存在干涉时需先在构件的可能接触面上涂覆色粉，然后尝试构件定位并适度挤压，观察与之定位的构件所附着色粉的痕迹，由此判断干涉部位。由于不可塑块材切削操作不可逆，削除干涉部位多余材料应多次少量。当痕迹复杂时应多次重复定位以明确干涉部位，中间有必要穿插多次材料切削。

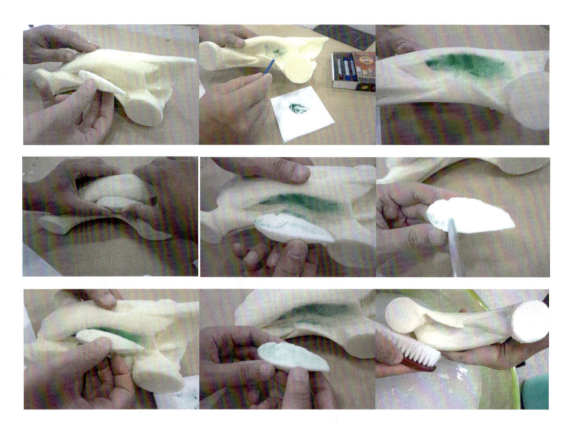

（2）嵌合结构制作

嵌合结构制作面临的主要问题是构件定位和嵌合间隙问题，前者的解决可沿用构件定位的技法，后者的解决因模型选材不同而有较大难度差异。当模型使用可塑块材制作时，间隙可用新添材料填补；当模型使用较软不可塑块材制作时，为减弱间隙可采用过盈配合方式，也可通过前述先组合后拆解的方式使构件分阶段成型，拆解后再次组合的间隙较窄且具有较高精度，不存在严重的间隙问题。由此可见，此法所得拆解部位即是一种精度较高的嵌合结构，实施此法时，先将薄刀片从多角度插入材料，用于拆分嵌合结构的主要面，然后轻微施力使构件分离，由此获得完整的嵌合结构。拆解出的构件可单独进一步加工成型，便于精细加工局部细节。

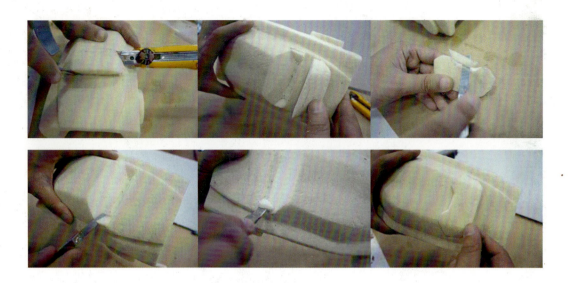

当使用较硬不可塑块材制作时，受制于材料硬度只能通过精细切削控制间隙，手工切削耗时过长且技术难度高，与草模型制作要求不符，故较少以嵌合方式连接构件。

（3）构件插接

构件插接利用连接件将构件连接，连接件可视为双向嵌合结构，其技法与嵌合结构制作技法无本质差异。插接时的构件定位及间隙控制仍是主要问题，可沿用先组后拆、加热软化、涂覆色粉等技法来解决（详见构件定位），这些技法在连接件较大时更加适用，在连接件较小时则难以应用。

当连接件较小时，可通过置入构件小孔来串接构件，此方法一般不易破坏构件外观，因此技法难度较低。小型连接件通常选用牙签、粗铁丝等直径较小的柱状物，将构件准确定位并稍作固定后，即可用电钻钻出若干通孔和深孔，然后将连接件插入孔内完成连接。孔数视钻孔条件和固定要求而定，一般要求多于两个以防构件错位，孔径应略小于连接件直径。串接时通过用小锤轻击连接件的端部使之插入，要求连接件和构件达到过盈配合状态。轻击时可用钉尖辅助，钉尖推击连接件端部以使之完全陷入构件内部，遗留的浅孔用新添材料封闭即可。